SECUESTRADA

ANA CORREA ECHANDÍA

SECUESTRADA

Vibrando con Propósito:
Resiliencia y Sentido de Vida

Titulo: Secuestrada

Primera Edición Marzo 2025

© Ana Correa Echandía, 2025

Queda estrictamente prohibida la reproducción total o parcial de este libro, su almacenamiento en un sistema de recuperación, o su transmisión por cualquier medio, ya sea electrónico, mecánico, fotocopiado, grabado u otros métodos, sin el permiso previo por escrito del autor.

Impreso en Amazon

Autora: Ana Correa Echandía

Diseño de portada: Lina María Cocuy Patiño

Diagramación: Lina María Cocuy Patiño

Ilustraciones: Lina María Cocuy Patiño con Midjourney

ISBN: 9798309926824

Sello: Independently published

*A mi mamá, mi abuela y
a mi eterna maestra y amiga del alma,
quienes llenas de amor, sabiduría y luz,
supieron guiar mi camino.
Ya no están en este plano
pero siempre me acompañan
y viven dentro de mí.*

Agradecimientos:

*Agradezco primero a Dios, mi Dios.
A mis amados seres de luz.
A mí misma, por haber llegado
hasta aquí con toda su ayuda.
Y a todas las personas que, de una u
otra forma, han contribuido a que yo
esté Vibrando con mi Propósito a
través de este libro que, con tanto amor
y felicidad, entrego a ustedes
queridos lectores.*

"El libro de Ana Correa Echandía es un testimonio conmovedor de resiliencia y transformación, que combina una narrativa costumbrista auténtica con una profunda caja de herramientas espirituales. A través de su historia, Ana nos muestra cómo la conexión con el cielo y el amor al servicio pueden iluminar nuestro camino, incluso en los momentos más oscuros."

Diana Cerón Otoya,
Experta en Desarrollo Espiritual y Prosperidad.

CRÓNICA DIFERENTE DE UN SECUESTRO
Umberto Senegal

NO SE busquen en este breve libro de Ana las reminiscencias personales de su secuestro en Medellín, Colombia, décadas atrás, detalles abruptos, dolorosos ni críticos de tal experiencia. Aunque en algunos de sus capítulos hay recuerdos que conmueven. Frases, párrafos que describen íntimos sentimientos que a ningún lector dejarán indiferentes. Tampoco esperemos encontrar acusadores retratos de personajes de una sociedad en crisis, donde muchos de sus componentes recurren a tales medios contra su prójimo.

Su coloquial manera de relatarnos cuanto le aconteció en un momento determinado de su juventud, como en diálogo intimo con cada lector donde ella comienza a narrarle tal experiencia, es otra forma de conocer detalles de un evento que no la desvió de sus creencias, ni de su ideología, ni mucho menos de su proverbial amor a la vida y a los seres humanos. Fruto de tal forzada experiencia juvenil, es el hecho de la autora tomar conciencia de ella misma, protagonista de tal desventura, y de inducirnos a tomar conciencia también nosotros, espectadores de su drama a medida que nos internamos con interés por estas páginas, de aquellos valores humanos que se encuentran profundos en el alma de las personas cualesquiera que sean sus actividades, su clase social y sus ideales. Los grupos insurgentes y los paramilitares, junto con los delincuentes habituales, convirtieron el secuestro en un medio para alcanzar propósitos económicos, militares y políticos. Causaron graves daños a las personas secuestradas y a sus familias. Afectaron la vida en comunidad, la cultura, la política y la economía. El secuestro se ha ejercido independientemente de la ideología que se profese y con diferentes propósitos sin que por esto deje de ser un crimen execrable, más aún cuando las víctimas son niños o ancianos.

En este libro, que se sale de los acostumbrados testimonios publicados por las víctimas de secuestros o por sus familiares, junto a lo anecdótico encontraremos el espíritu optimista y la conciencia de una mujer cuya filosofía práctica, producto de enseñanzas de las personas a las cuales dedica esta obra, que la ayudaron a comprender las personas que la tenían secuestrada, y no juzgarlas ni condenarlas, la ayudó a asumir otra forma diferente de estar secuestrada. No es solo la evocadora crónica de un drama. Es el drama mismo que, gracias al pensamiento positivo de Ana, a su vital y espiritual actitud de perdón y comprensión, se transforma con el paso de los años en un valioso elemento de reflexión para cualquier persona, no necesariamente que haya pasado por igual circunstancia, sino para todos aquellos lectores que con sus propias tragedias de otras clases, encontrarán aquí un amplio y luminoso, sabio camino para no trastornar sus vidas ante los problemas que surjan.

La autora nos relata mediante una prosa fácil de leer y entender, pero mejor aún, cómoda de asimilar y traer con sus contenidos a nuestra vida diaria, aquello que, hoy por hoy, cuando por las calles de su amada ciudad tal vez todavía caminen los partícipes de aquella acción, se puede decir sin afectar ni resaltar a nadie en estos momentos de la vida. Según estadísticas, el repudiable fenómeno social del secuestro ha cobrado cerca de 40.000 víctimas directas en Colombia durante los últimos cuarenta años. Considero que tal discreción, producto del perdón y del hecho de Ana haber soltado cuanto pudiera importunarla en el sendero de su existencia, es una de las grandes virtudes del libro. No acusa directo a ninguno. No segrega odios. No carga resentimientos contra quienes, de una y otra forma, estuvieron involucrados en su secuestro. No le interesa dar nombres propios ni sugerir pistas sobre el caso porque su intención didáctica, psicológica y literaria es diferente. Hacer de este libro un manual, una herramienta de amor, de perdón y esperanzas para que cada lector pueda incluirla en la que ella nombra como su Cajita de Herramientas. Si alguien desea encontrar datos sobre tal fenómeno social en Colombia, no es en este libro donde debe buscarlos sino, posiblemente, en las publicaciones del Centro Nacional de Memoria Histórica. Esta y la firma Cifras y Conceptos, han llevado a cabo una rigurosa investigación sobre el fenómeno del secuestro en Colombia en el periodo 1970 – 2010.

Este libro, otro más en la lista bibliográfica sobre el tema, es meritorio, inapreciable con sus puntos de vista, porque se suma a las estadísticas donde se demuestra que Antioquia es el departamento donde se cometió el 20% de la totalidad de secuestros reportados entre 1958 y 2018. El secuestro no es un delito contemporáneo sino una práctica que ha estado presente desde tiempos lejanos de la historia. Por ejemplo, para no entrar con citas que poco puedan contribuir al propósito del libro, bien podemos recordar aquí que en nuestra América uno de los primeros secuestros de los que se tiene noticia, sucedió en la época de la conquista española. En 1537, en la zona de Hunza, actual Tunja (Boyacá), Gonzalo Jiménez de Quesada privó de la libertad al Zaque Quemuenchatocha y a cambio de su liberación exigió a los súbditos del Zaque la entrega de sus tesoros. Ellos cumplieron con la cruel demanda, sin embargo a pesar de recibir apreciables cantidades de oro y esmeraldas, los soldados de Jiménez de Quesada torturaron al Zaque hasta darle muerte.

Este libro de Ana tiene no solo una trama feliz, sino un final feliz. Y esta felicidad de vida es lo que ella nos comparte empleando a la vez, como recurso de participación para los lectores, una serie de sensatas preguntas formuladas para quienes deseen responderlas y hacer de tal obra una herramienta de diálogo y confidencias capaces de consolidar valores cívicos, humanos y espirituales, que justifiquen el hecho de su autora haber recuperado tales evocaciones no para buscar ser consolada, sino para levantar con sus palabras una sólida construcción de vida en medio de los dificultades que puedan afectarnos.

INDICE

INTRODUCCIÓN 17

CAPÍTULO 1 HACE 35 AÑOS 19

CAPÍTULO 2 LLEGÓ EL DÍA 25

CAPÍTULO 3 AL DÍA SIGUIENTE 39

CAPÍTULO 4 LIBERACIÓN 53

CAPÍTULO 5 APRENDIZAJES
Y REFLEXIONES 59

CAPÍTULO 6 ACTITUD POSITIVA 63

CAPÍTULO 7 ATRAES LO QUE MÁS TEMES 69

CAPÍTULO 8 MUCHAS VECES SIGUES
ENGANCHADO AL MIEDO DE POR VIDA 77

CAPÍTULO 9 EL PERDÓN 85

CAPÍTULO 10 MI CAJITA DE HERRAMIENTAS 93

CAPÍTULO 11 EL CANTO 101

CAPÍTULO 12 HÉROES Y HEROÍNAS 109

CAPÍTULO 13 EL AMOR MUEVE MONTAÑAS   117

CAPÍTULO 14 INSTRUCCIONES RECIBIDAS   125

CAPÍTULO 15 OBSERVARME A MÍ MISMA   133

CAPÍTULO 16 NO PERDER LA ALEGRÍA Y EL BUEN HUMOR   141

CAPÍTULO 17 ¿SOMOS BUENOS O MALOS POR NATURALEZA?   147

CAPÍTULO 18 LA FE Y MARÍA AUXILIADORA   159

CAPÍTULO 19 NOS AFERRAMOS AL DOLOR Y AL PASADO Y NO LOS SOLTAMOS   165

CAPÍTULO 20 LA VIDA NOS PUEDE CAMBIAR EN UN SEGUNDO   173

CONCLUSIÓN   179

GLOSARIO   180

INTRODUCCIÓN

QUERIDOS AMIGOS lectores, mi secuestro fue un evento que fragmentó mi vida en dos porciones bien definidas: un antes y un después. Desde el instante en que obtuve mi liberación, luego de estar secuestrada y narrar con algunos detalles, a mi familia y mis amigos cercanos, o no tan próximos, la historia del secuestro, todos ellos emocionados me indicaron que escribiera un libro con tales vivencias dramáticas. En ese momento les objeté que no era necesario ni adecuado, puesto que circulaban numerosos libros de secuestrados, como para intentar yo escribir otro más. Todos, sin titubear, me respondían: "¡Sí, pero este será diferente!".

Luego reflexioné sobre tales solicitudes y le dije a mi amiga del alma y eterna maestra, Mary, quien era una escritora fabulosa, que ella sería la única persona a la cual yo facilitaría con agrado y confianza el derecho de escribir tal libro. Mi amiga me conocía profunda y aquello que escribiera sería de verdad el mensaje profundo, sincero, que yo pretendía transmitir a sus posibles lectores. Mary, condescendiente, me dijo que sí. Con gusto lo escribiría. Pero entonces los años fueron desfilando sin que el mutuo proyecto, por diversas razones, se consolidara. Ahora, mientras escribo estas memorias, Mary no habita ya en esta dimensión. Sin embargo, sé con total certeza que está acompañándome de alguna manera mientras lo escribo. Me anima y me dirige.

Siento que me percibe, generosa y afirmativa, mientras pienso y redacto cada frase.

No pretendo escribir un libro que se transforme en evocaciones nostálgicas donde el ego, la soberbia o el protagonismo personal adquieran relevancia. Por tal motivo, durante muchos años fui reticente a escribirlo. Aunque la intención anidaba siempre en mi memoria. Con el tiempo de por medio, donde las vivencias se convierten en reflexiones y cada una de estas puede ayudar e influir de manera positiva a otra gente, creo haber encontrado la fórmula perfecta para proceder y compartir con ustedes, lectores próximos o distantes, amigos o desconocidos, mis aprendizajes. En particular, lo sucedido durante el lapso que aquí voy a rememorar con la finalidad de inspirar y motivar a otras personas en el mundo actual para que Vibren con sus Propósitos plenos de esperanzas y sean cada día más felices.

Pido a todos los seres de luz, que con estas simples palabras pueda ser yo inspiración y ayuda para quienes lo lean o escuchen, y que mi propósito de ayudar a la humanidad poniendo un granito de arena, se cumpla.

Capítulo Uno
HACE 35 AÑOS

> *"El tiempo desvanece lo superficial
> pero revela lo esencial"*
> Antoine de Saint-Exupéry

DESPUÉS DE casi 35 años, comienzo con decisión a escribir esta historia de mi secuestro. Sucedió el 14 de diciembre de 1989 en Medellín, Colombia, mi amada ciudad natal la cual, a pesar de los períodos difíciles por los cuales ha pasado, sigue siendo generosa, extraordinaria y colmada de gente llena de esperanzas, con luminosas vibraciones, linda y emprendedora. Desde cuando tengo uso de razón, escuché a mi madre hablar sobre su acentuado temor a que nos secuestraran, pero en particular y siempre previsiva, dándonos sus sabios consejos por si esto llegaba a ocurrirnos: "Si algún día los secuestran, nos decía a mis hermanos y a mí, se hacen amigos de los secuestradores. Si soy yo la secuestrada, también procederé igual. Me hago su amiga y les cocino a ellos. Pero sobre todo confíen en el Niño Jesús y en María Auxiliadora, que nada les pasará". Buena recomendación, pero siendo nuestra madre una excelente chef, nuestro temor aumentaba porque pensábamos que si ella hacía esto con sus secuestradores, entonces nunca nos la devolverían. Concluíamos riendo y bromeando al respecto, sin sospechar aquello que nos sobrevendría como familia. Y a mí en particular.

Así fue transcurriendo mi niñez y mi juventud, siempre con un escondido temor que asomaba con bastante frecuencia en pequeños incidentes que no eran comentados. Por ejemplo, tuvimos un chofer respecto al cual mi madre me contó luego, en secreto, que este era en realidad un guardaespaldas porque nos habían amenazado. Esto no me produjo miedo alguno. Me sentía segura por completo con mis padres. Mi papá era un hombre brillante, muy próspero en sus negocios y esto inducía a que siempre nos expresaran que tuviéramos mucho cuidado. Teníamos una vida normal aunque nos sobreprotegían bastante. Las pocas veces que, dialogando con él, nos referíamos al delicado tema del secuestro, mi padre nos indicaba que si a él lo secuestraban, por ningún motivo pagáramos rescate por él. Que eso era alcahuetear a los secuestradores. Por tal motivo los secuestros seguían aumentando. Y que tuviéramos claro que no pagaría rescate por él ni por ninguno de nosotros. Toda mi vida, infancia, adolescencia, madurez, ha sido feliz y llena de amor. Tal escabroso tema siendo constante en nuestra familia, nunca opacó nuestra felicidad ni ensombreció la imaginación que mi mamá estimuló siempre en mí, en todas las circunstancias de la vida.

Siempre encontrábamos soluciones creativas para cada situación que se nos presentara, por difíciles que fueran. Todas las cosas que nos sucedieran, por perjudiciales que fueran, algo bueno debían tener de lo cual siempre aprenderíamos. Hasta el día de hoy, este ha sido uno de los grandes e inolvidables legados de mi madre.

Mi padre, quien vivió sus últimos años con crisis de enfisema pulmonar llevándolo a ser hospitalizado con frecuencia, finalmente murió un mes antes de yo cumplir veinte años de edad. Con firmeza y seguridad, junto con mi madre nos colocamos al frente de todos los negocios. Yo estaba dispuesta a aprender y no dejaría que se perdieran ni se vinieran a menos. Este fue el comienzo de la historia que relataré a continuación...Me retiré de la universidad por un tiempo, mientras iba poniéndome al tanto, junto con mi madre, sobre pormenores de los negocios familiares, que estaban vinculados al mercado y fabricación de partes automotrices. Como era de esperar en este medio, surgieron de uno y otro lado comentarios machistas de que yo no debería de estar en un gremio de hombres de repuestos. Hubo "supuestas" amenazas que nunca nos llegaron directas. Al mismo tiempo, nos llegaban con alguna frecuencia "invitaciones" para que nos fuéramos a vivir en otro país puesto que Colombia era un lugar "muy peligroso y había muchos secuestros".

Ignorando estos comentarios de manera amable, y sin tomarlos demasiado en serio, continuamos nuestra vida familiar y comercial en la ciudad, sin contemplar la idea de abandonar nuestra patria. Y mucho menos la ciudad amada, Medellín, atravesando una de las épocas más violentas del narcotráfico. El secuestro estaba de moda. Los sicarios, asesinos a sueldo que trabajaban para carteles de la droga, completaban sus ingresos mensuales secuestrando, lo cual era para ellos y para la gente con la cual trabajaban, una rentable industria.

Tanto así, que en la ciudad había reconocidas "oficinas" clandestinas donde las personas podían ir para negociar un secuestro proporcionando información detallada sobre la persona a quien debían secuestrar; la cantidad de dinero que debían exigir para que ganara el individuo planeador del secuestro, junto con los demás involucrados; cómo debían tratar al secuestrado, en particular si debían ser violentos o no, y muchos otros pormenores que hacían parte de tales negociaciones ilícitas. Era el pan de cada día. Sin embargo, a pesar de la angustia por el ambiente del país, seguíamos convencidos de un futuro mejor.

Capítulo Dos
LLEGÓ EL DÍA

*"La vida debe ser comprendida hacia atrás.
Pero debe ser vivida hacia adelante".*
Soren Kierkegaard

EL DÍA llegó. Ese día que uno podía esperar o no esperar nunca. Jueves 14 de diciembre de 1989. Dos meses antes de cumplir mi padre tres años de muerto. Curiosamente, como si alguien lo hubiese premeditado, sucedió el día de su nacimiento. ¿Querían que me reuniera con él en esta fecha tan importante para mí? Lo ignoro. Sin embargo...siempre me ha llamado la atención tal detalle. Mi madre se había ido para la finca, o casa de campo, como se le llama en otros países, como era costumbre nuestra cuando íbamos de vacaciones. Me quedé en Medellín, porque al día siguiente me matricularía en el Instituto de Bellas Artes, donde amaba estudiar canto. El sábado iría para allá. El martes por la noche, sentí la imperiosa necesidad de viajar al día siguiente para desayunar con mi madre, a pesar de que la finca quedaba en Sopetrán, pueblo antioqueño distante 40 kilómetros de la ciudad de Medellín, a tres horas de recorrido, en ese entonces. El fin de semana, planeaba ir temprano para allá.

Llamé a mi primo y le dije que si podía acompañarme, para salir a las 5 de la mañana, desayunar y regresar. Este, sorprendido, me hizo un interrogatorio completo. Para mí no era nada fácil ni habitual, madrugar. Lo único que pude responderle era que no sabía por qué, pero que yo deseaba desayunar con mi madre. Me dijo que yo definitivamente parecía o estaba loca, pero que viajaría conmigo. Así lo hicimos. Cuando llegamos de sorpresa a esa inesperada hora, casi matamos del susto a mi madre. Ella dedujo que algo malo había pasado. Y mil cosas más, sobresaltada, pero rápido disipé sus temores dándole besos y abrazos y sintiéndome segura entre sus brazos.

Ese día regresamos, según lo teníamos planeado. Al día siguiente, fui al salón de belleza. Durante la noche, saldría a parrandear y escuchar tangos con mi eterna maestra y amiga del alma. Nos encontraríamos con mi hermana y mis primos. La noche pintaba estupenda. Estuve todo el día trabajando y, antes de las cuatro de la tarde, salí de nuestro almacén rumbo al sitio donde vivía mi tía, con el fin de recoger a mi prima y a la bebé, para hacer algunas compras, antes de recoger a mi amiga. Cuando salí del almacén, una persona vio que un automóvil salió detrás de mí. Yo no lo advertí. Pasados diez minutos, un automóvil blanco donde viajaban cinco hombres, se me atravesó de manera abrupta. Aunque lo esquivé, siguieron detrás de mí. En el primer semáforo donde nos detuvimos yo estaba de segunda, en la fila del lado izquierdo. En el andén que separa los carriles en ambas direcciones, un hombre se paró al lado de mi puerta. Quedé paralizada al verle patear violento la puerta de mi automóvil. Supuse que pretendía robarse mi carro, mas no supuse que a quien planeaba robarse era a mí. Con el fin de intimidarme, empezó a disparar.

En segundos reaccioné, tomando mi bolso salí por la puerta del acompañante, tratando de huir mientras repetía:

"¡María Auxiliadora!, ¡María Auxiliadora!". En ese momento, mientras los disparos no cesaban, experimenté qué era el terror. No alcancé a alejarme un metro de mi vehículo. Las balas parecían cruzar en toda dirección. Entre el espantoso sonido de la balacera, solo atiné a escuchar cuando uno de aquellos hombres, sin dejar de disparar, tomándome rudamente del brazo me dijo: "Monita"(1), súbase al carro o si no la matamos!". Lo miré y le dije: "Tranquilo, monito, que yo instinto de conservación sí tengo!". Con mi bolso bien agarrado, me subí de nuevo en mi automóvil, en la parte trasera.

Observé que mi automóvil parecía un colador como consecuencia de los numerosos impactos de las balas. Había manchas de sangre en el marco de la puerta, pero no era mía. Según me contaron luego, un señor que asistió a cuanto me sucedía, era una hora con alto tráfico, intentó defenderme. A alguno de los asaltantes le rozó una bala y esta era la sangre en mi vehículo. Han pasado tantos años, y sin embargo a pesar de haber transcurrido tanto tiempo desde aquel día, me alegraría poder saber quién fue esa persona, valerosa y solidaria, para agradecerle personalmente el hecho de arriesgar su vida por alguien que no conocía.

Uno de los hombres tomó el volante. Otro, se sentó en el puesto del acompañante. Un tercero, se montó conmigo atrás y me abrazó, poniéndome contra su pecho mientras con el otro brazo sacaba una metralleta por la ventanilla y disparaba, igual que lo hacían tanto el que iba adelante como los otros dos sujetos del carro blanco, desplazándose detrás del mío. Todos ellos, visiblemente alterados, renegaban e insultaban a alguien. Pienso que era contra el señor que intentó defenderme. Buscando escapar del concurrido escenario, se metieron en contravía y cruzaron disparos con un policía vestido de civil, quien salió de un banco y al cual le chocaron su automóvil. Al sentirme protagonista y víctima de una nueva balacera, pensé: "¡Ay, jueputa, ahora si me mataron". Me incliné poniendo el bolso entre mis piernas, y me quité las aretas que llevaba puestas y me encantaban. Las guardé. Algo que solo puede pensarlo y hacerlo, en tal situación, una mujer. Y que no deja de ser un poco risible. El policía cayó al suelo y nosotros continuamos la fuga, sin ellos dejar de disparar al aire. Cuatro hombres disparando sin parar. Todos tenían metralletas cortas. En determinado momento uno de ellos me ordenó: "Monita, tírese al piso y cierre esos ojitos tan lindos que tiene, porque si no la matamos". Miré hacia mis pies y todo estaba lleno de vidrios. Le respondí: "Monito, ya te dije que yo instinto de conservación sí tengo, pero esto está lleno de vidrios y me voy a cortar". A lo cual replicó: "Monita, que se tire al piso o si no la matamos".

Respondí: "Dame un momentico". Entonces me lancé al piso acomodándome en tal posición y bajo tales circunstancias, lo mejor que pude. Hoy por hoy, cuando reflexiono al escribir sobre tal momento, no me explico cómo salí del mismo, sin el menor rasguño.

Al cabo de no sé cuánto tiempo, cesaron por completo los disparos y el automóvil se detuvo en un sector desconocido para mí. Me advirtieron que iban a cambiarme de vehículo porque teníamos las llantas pinchadas y que por ningún motivo intentara correr. Me dio risa y les dije: "Tranquilos, de aquí no me voy. ¿Quién se va a mover con ustedes armados hasta los dientes?". Nos pasamos al carro blanco que seguía tras de nosotros. Me exigieron montarme en la parte de atrás, con uno de ellos, recostarme sobre sus piernas y no mirar ni hacer nada. Al recibir tantas advertencias por parte de ellos, me di cuenta que estaban más asustados que yo, y elegí estar tranquila.

Llegamos al garaje de una casa donde entraron con el automóvil y cerraron rápido la puerta. Este, por su tamaño, cabía con dificultad y cada puerta que abrían, chocaba contra la pared. Se bajaron, dejándome dentro. Uno de ellos me dijo: "Monita, denos un teléfono donde podamos localizar a su mamá. Que no sea el de su casa, ni el del almacén, ni el de su tía. ¿Cómo sabían estos hombres desconocidos que yo iba para la casa de mi tía? Esto me dio qué pensar. Desde mi juventud, he tenido la gran cualidad, por difícil que sea la situación, de observar, minuciosa todas las reacciones físicas y emocionales de las personas a mi alrededor, analizándolas de manera objetiva. Me preguntaron si estaba bien y si quería beber algo. Me trajeron una gaseosa. En ese momento pensé: ¿Y si me dan escopolamina o alguna otra droga? Necesito estar consciente en todo momento. Les dije que no. Entonces uno de ellos se la tomó ansioso. Luego me ofrecieron agua aromática y reaccioné lo mismo, pero entonces reflexioné que no tenían interés en drogarme.

Me preguntaron: "Monita, ¿dónde están la plata y las joyas?". Respondí con visible sorpresa: "¿Cuál plata y cuáles joyas?". De inmediato, me pidieron el bolso y vaciándolo sobre el capó del carro, se repartieron cuanto allí encontraron. Uno de ellos, alegre, exclamó: "Estas aretas pa' la pelada"(2). Tenía en sus manos nada menos que las aretas que precavida guardé durante la balacera. Me sentí como Jesús entre los dos ladrones. ¡Qué desconsuelo! Y también se apropiaron codiciosos del dinero de la nómina del jardinero de mi casa. Después me dijeron que estuviera tranquila. Pronto vendrían por mí para llevarme a la finca. Me dejaron sola, a cargo de otro hombre diferente. Este fue amable conmigo y me preguntó: "Monita, ¿quiere que le recoja las cosas del bolso?". Le dije que sí. En ese momento él vio una pequeña imagen de María Auxiliadora, que mi madre me había regalado, y preguntó: "Monita, ¿usted es devota de María Auxiliadora? Le dije, "sí y mucho". Me respondió, "yo también, vea…" La sorpresa no fue grata para mí. Fue impactante, quedé en estado de shock. Extrajo del bolsillo trasero de su pantalón un grueso fajo, por lo menos de cinco centímetros de grosor, con vistosas y coloridas estampas, novenas y oraciones. En ese instante sentí algo que no podía entender. Ambos éramos devotos y le orábamos y pedíamos intercesión a la misma Virgen, aunque estábamos en lugares opuestos. Para mis adentros, rogué, "Dios mío, no me dejes perder la fe".

Ese hombre, con el fajo de estampas en sus manos, me preguntó si quería tener mi Virgencita, y de manera respetuosa me la entregó. La coloqué contra mi pecho y se me vinieron las lágrimas. Él me dijo con ternura: "No llore, monita, todo va a estar bien". Respiré profundo y tomando fuerzas le dije: "Sí, monito, no lo dudo". Continuando con el improvisado diálogo, me pidió contarle cómo me habían cogido (3). Se lo relaté con algunos detalles y expresó, admirado: ¿sabe qué, monita? ¡La salvó María Auxiliadora!

En ese instante, al verificar algo que es de público conocimiento en mi ciudad, Medellín, y en otros lugares del país, quedé perpleja. Una cosa era escuchar comentar lo que siempre se decía referente a los sicarios, sus creencias y sus costumbres religiosas, que por lo regular casi todos son notorios devotos de María Auxiliadora; y otra distinta, era estar ambos allí, uno junto al otro, pidiéndole a la Virgen al mismo tiempo por causas opuestas. Entonces...María Auxiliadora, ¿los auxiliaba a ellos para el cumplimiento de sus intereses delictivos, y también a mí, implorando protección, todo al mismo tiempo? Preferí no pensar más al respecto, en este tipo de contradicciones. Lo importante en estos momentos era que tenía plena certeza de que yo estaba siempre protegida y nada malo me iba a suceder. Mi amable cuidandero me preguntó si quería tomar algo. Sin dudarlo, luego de transcurridos dieciocho meses de haber dejado yo de fumar, le dije: "Sí, monito, traeme por favor una soda, un paquete de Marlboro y una caja de chicles". Mandó a alguien a traer mi pedido. Al recibirlo, minutos después, le agradecí y, relajándome un poco, me senté cómoda con las piernas cruzadas. Le pregunté si el automóvil tenía radio y podía yo escuchar música, escogiendo la emisora que deseaba. Asombrado con mi petición, me dijo que sí. Entonces sintonicé una emisora en que estaban transmitiendo un programa de boleros y fui verificando que me sabía todos los temas que iban transmitiendo. "¿Puedo cantar?", pregunté al hombre. Admirado, dio su consentimiento. Comencé a cantar y a fumar cigarrillo. Él no daba crédito a cuanto estaba presenciando y manifestó: "¡Monita, usted canta muy lindo!". Le agradecí y continué con el concierto. En un momento dado, sorprendido con mi actitud debió pensar que me había enloquecido y dijo: "Monita, ¿usted sí sabe lo que le está pasando? ¡Usted está secuestrada! Le respondí, no sin algo de ironía, "¡Ay, cuidado y no me voy a dar cuenta!". Seguí cantando, puesto que el canto ha sido uno de los regalos más grandes y maravillosos que me dio la vida. El cantar, me equilibra y me hace vibrar en otras frecuencias. La música bien cuando la interpreto, o bien cuando la escucho interpretar, estimula vibraciones positivas en todo mi ser.

El monito se dio por vencido y terminó cantando conmigo. No era tan afinado, pero el ambiente era tranquilo y nos facilitaba llevarlo a cabo. De pronto, tal vez por la desenfrenada cantidad de cigarrillos que había fumado, tuve la sensación de que iba a desmayarme. Le dije al hombre: "Monito, me voy a desmayar". Él se angustió y me dijo que ya casi llegaban por mí. Así sucedió. Llegaron varios hombres, diferentes a los anteriores. Me ordenaron bajarme del vehículo y colocarme de frente a la pared, y que no mirara para atrás. Así lo hice. Sacaron ese automóvil y entraron otro, un taxi. Hablaban entre sí y uno de ellos me dijo: "Monita, vamos a llevarla a la finca, pero la tenemos que amarrar, amordazar y meterla en la maleta (4) del carro. Les dije que era claustrofóbica y me iba a ahogar, que por favor no lo hicieran, yo me iba en el suelo o en medio de ellos. Uno de estos decía, "no amarren la monita", mientras otro opinaba, "es que no confiamos en ella".

En medio de tal indecisión, uno de ellos me explicó: "Mire monita, lo que pasa es que su familia ya sabe del secuestro y hay fotos suyas por todos los retenes del país, es peligroso que la vean porque entonces nosotros tenemos que matarla y nos matan y los matamos. Además, el hombre que se disparó con los secuestradores era un policía que estaba vestido de civil y ya todo Colombia sabe del secuestro suyo".

Les solicité que no me amarraran, y me dijeron que tenían que hacerlo. Y empezaron a amarrarme las piernas, desde los tobillos hasta las rodillas. Y luego los brazos, desde las muñecas hasta la mitad del antebrazo. Y luego me taparon la boca. Les dije que ese pañuelo que iban a utilizar nos les alcanzaría porque yo era muy cabezona. Se rieron y me pusieron en la maleta. Les pedí mi bolso para apoyar mi cabeza. Cerraron el maletero y pusieron música en inglés a todo volumen, para que no se escuchara nada en caso de que yo gritara. Mientras me ataban, yo pensaba y rezaba por mi madre, por todos quienes estaban esperándome, por toda la familia.

Cuando me encerraron en la maleta, tomé una respiración profunda y le pedí a Dios que me diera tranquilidad, que yo pudiera respirar. Me concentré en hacerlo de manera serena y tranquilizarme. No sé cuánto tiempo transcurrió. Cuando llegamos a la casa que ellos llamaban "la finca", pero obviamente era una casa de la ciudad, de clase media, amplia y confortable, yo sentía mi costado derecho adormecido por completo. Abrieron la tapa y preguntaron si estaba bien. Les dije que sí. Me ordenaron mirar siempre al piso. Me preguntaron cuál era la talla de mi ropa y el número de mis zapatos. En medio del caos, los había perdido. Me preguntaron por la ropa interior que usaba, y les expliqué cuál me gustaba, pero que no fueran tangas ni tampoco cuello de tortuga. Tomaron atenta nota de mis requerimientos. Me condujeron de la mano hasta la que sería mi habitación, donde había varias personas que, de inmediato, salieron de allí. La encontré muy amplia. Bien arreglada y recién pintada. Del mismo color con el cual yo había pintado recientemente mi habitación. ¡Demasiada casualidad para mi gusto! El baño era amplio, equipado por completo. Y con todos los artículos de aseo personal nuevos, y además toallas sanitarias. Sin lugar a dudas, me estaban esperando.

Muy pendientes de mi tranquilidad y bienestar, me insistían en si necesitaba algo más, o si me llamaban un doctor, puesto que ellos tenían doctores y abogados. Les dije: "¡A mí no me traigan médicos, tráiganme por favor una botella de whisky, un cartón de Marlboro y unas chocolatinas que este varillazo no me lo aguanto a palo seco, tal vez a media caña!" (5)

Y me dijeron: "Pero monita, es que con el trago de pronto se nos pone problemática". Les contesté: "Tranquilos que a mí no me da sino por cantar y conversar. Ah, y otra cosa, ¿ustedes aquí no tienen musiquita?". "Sí, claro, monita!". Y sin demora me trajeron un montón de discos de acetato, tal vez cincuenta o setenta, acompañados de un parlante tan grande que me llegaba arriba de la rodilla. Me preguntaron si quería comer algo pero les dije que no me pasaba la comida. Insistieron en que comiera cualquier alimento, lo que yo deseara. Sin embargo, no me sentía capaz de comer nada. No tenía el menor apetito ante las circunstancias que afrontaba. Unos de ellos, salieron por mis encargos. Otros, me llevaron varias pijamas lavadas y planchadas para que escogiera y, a la vez, me arreglaron la cama.

En realidad, a mí no me gustaba mucho el whisky, prefería el aguardiente. Pero pensé, en una especie de íntima retaliación por lo que me hacían, ya que me tienen aquí, pues entonces que me compren whisky. No tardaron mucho en llegar. Se esmeraban por complacerme. Eran francamente condescendientes conmigo, tanto así que los chocolates que me llevaron, de marca Triunfo, venían en una caja con fotos de parejas y un fondo con paisajes románticos que no me atraen. Observé que deseaban ser lindos conmigo. Me preguntaron si todo estaba bien y les dije que sí, que muchas gracias y que eran muy queridos.

Me trajeron un pollo asado, de Kokorico, cadena nacional de restaurantes muy conocida en Medellín y en nuestro país, rogándome que comiera un poco. Sin embargo, nada me apetecía. De verdad, me era imposible saborear siquiera un poco. Uno de los monitos que me cuidaría esa noche, junto con otro compañero, diferentes a quienes me condujeron a la casa, me dijo que era especialista en hacer "milos" (6). Que yo debía alimentarme. Me dio risa y le dije que entonces me lo trajera, con poca leche porque no me gustaba. Él, con manifiesto orgullo de su oficio, me insistió en que esta era su especialidad. Acepté, confirmándole cuando me lo bebí, que era cierta su afirmación, todo un experto en preparar exquisitos milos, "está delicioso", le dije.

Dos chicos de edades similares a la mía o un poco menores, eran quienes estaban a mi lado. Como nunca me dijeron sus nombres reales o falsos, como es de suponer en una situación así, y yo tampoco se los pregunté, a ambos les llamaba monito, igual que ellos a mí. Revisé la música que me dieron. Toda era de discos de salsa. Aunque me gusta este género musical, no es la clase de música que suelo escuchar con frecuencia. Averigüé si tenían otros géneros Me preguntaron cuál tipo de música era mi preferida y entre la variedad que les di, les dije que lo mío era la música latinoamericana, la clásica y la española. Me sirvieron un vaso de whisky en las rocas, que me cayó de perlas para relajarme un poco.

Me dijeron que no me preocupara. Tenían órdenes de no hacerme daño, a menos que fuera necesario o intentara escapar. Esto me causó risa. "¿Piensan que siquiera voy a intentarlo, viéndolos a ustedes armados hasta los dientes?". Todos reímos y agregué: "Ustedes me secuestraron y ustedes me devuelven. Le tengo terror a la policía. Si llegan aquí, me oculto debajo de la cama o me acuesto con uno de ustedes". Uno de ellos, extendió una pequeña colchoneta al lado de mi cama, tamaño matrimonial, diciéndome que dormiría allí. De manera natural, puso a su lado la metralleta que portaba en todo momento. Todos permanecían armados. Me pidió permiso para fumarse un cigarrillo extralargo de marihuana, confesándome que era lo único que podían consumir porque les prohibían el uso de drogas y licor. Daban la impresión de ser un grupo u organización muy bien estructurada. Le dije que lo hiciera con tranquilidad, aunque a mí no me gustaba la marihuana. Para no incomodarme demasiado con el olor y con el humo, abrimos unas pequeñas celosías a mi lado izquierdo, detrás del espaldar de la cama. Pasó el tiempo y luego de conversar un rato sobre temas baladíes y tomarme algunos tragos del whisky que me habían traído, me dormí, creo que entontada con ese montón de humo acumulado en la habitación.

Capítulo Tres
AL DÍA SIGUIENTE

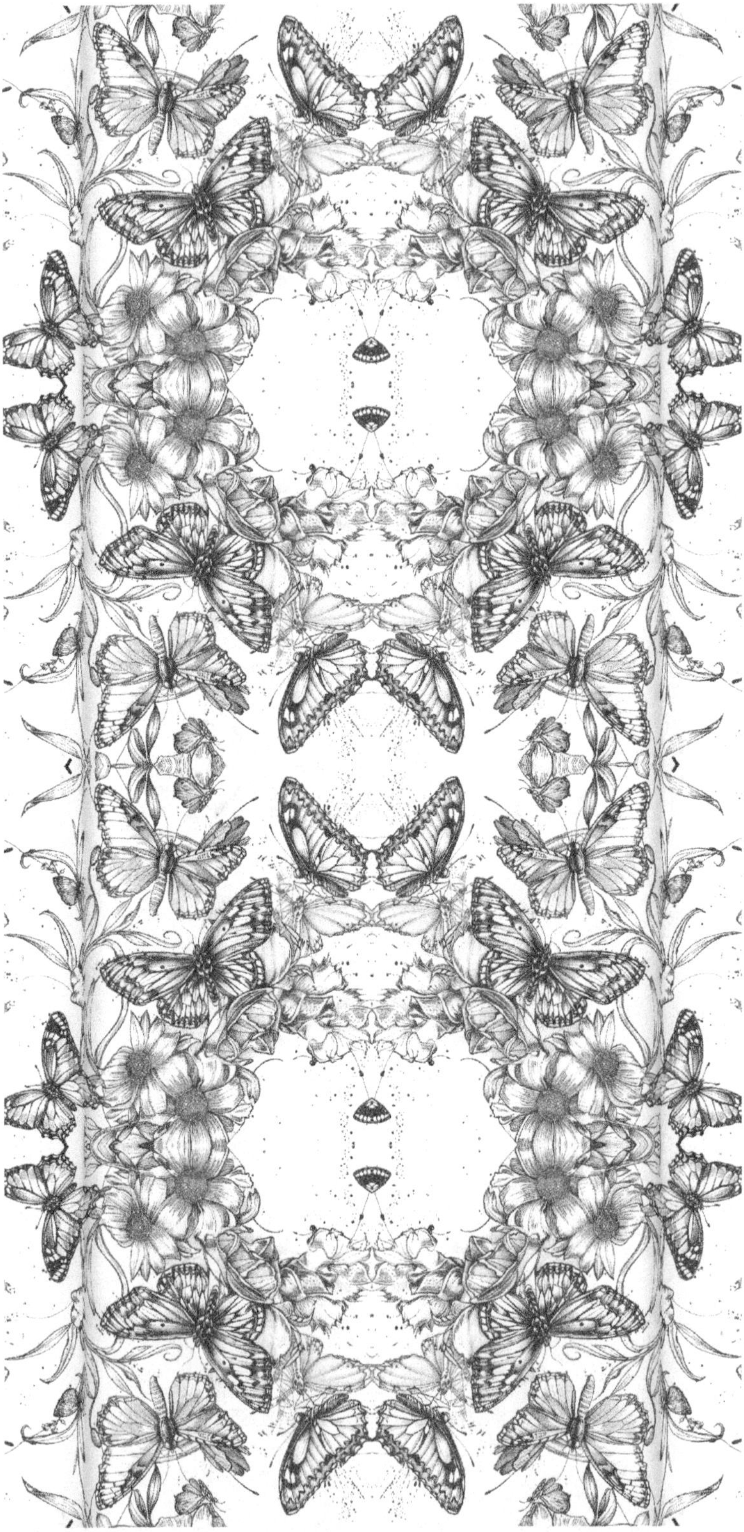

> *"Cada día tiene su propio propósito,*
> *y cada despertar es una oportunidad*
> *de empezar de nuevo"*
> Henry Bergson

AL SIGUIENTE día, temprano, entró a mi habitación una atenta empleada, única mujer del grupo, la cual me trajo de desayuno una arepa caliente con queso, chocolate y algo más que no recuerdo. Típico desayuno popular de mi región. Le agradecí, pero de nuevo repetí que no era capaz de comer, por más que lo intentara. Me dijo que hiciera el esfuerzo y comiera siquiera un poquito. Le regalé los chocolates, que aceptó gustosa. Me bañé y estrené la ropa que me llevaron la noche anterior. Se hicieron presentes dos o tres hombres a quienes no había visto, advirtiéndome que no debía mirarlos. Iban a comunicarme con mi madre. Yo tendría que expresarle a ella, de manera enfática, que no cometiera el error de darle ninguna información al DAS (7), ni a la policía, ni al ejército porque ellos tenían gente infiltrada en tales entidades, y si se daban cuenta, de inmediato me mataban sin ninguna contemplación. Y que debía tener mucho cuidado, porque mi casa estaba rodeada de policías. Cuando me secuestraron, un policía (el del tiroteo, vestido de civil) había resultado herido.

Instalaron allí cercanos varios radio-teléfonos, haciéndome agachar para que hablara con mi madre. Yo estaba tranquila, igual que mi madre quien, sagaz en estos momentos, lo primero que me dijo para cerciorarse de que no era una grabación lo que escuchaba fue: "Mi amor, ¿quiénes son tus padrinos de bautizo?". Estratégica pregunta cuya respuesta no la habrían sabido los secuestradores. Le dije sus nombres, comunicándole a la vez las intimidantes razones de ellos. Mi madre me dijo: "Tranquila, mi amor, todo va a salir bien, te amamos mucho. Confía en el Niño Jesús y en María Auxiliadora". Le dije que eso estaba haciendo. "Los amo mucho, mami". Me dijo que ellos también, me dio la bendición y ellos cortaron la llamada. Se me encharcaron de lágrimas los ojos. Me repitieron que no me preocupara, que todo estaba bien y si mi familia acataba sus peticiones, nada malo me sucedería. Tenían órdenes estrictas de cuidarme, porque yo era una "dama" muy respetable. Tal palabra me sonó graciosa y nada oportuna en estos momentos. ¿Dama yo? Era una jovencita de solo 23 años.

Uno de ellos, quien parecía ser el líder, me propuso: "Monita, si usted quiere, negociamos ya y la soltamos en este momento". Como iluminada por un ser superior, y con suspicacia frente a la intención de tal propuesta, pensé: "si ellos se dan cuenta que yo sé acerca de los negocios, nos dejan sin cinco". Respondí:
"Si ustedes me siguen hace varios días, ya se dieron cuenta que estudio en Bellas Artes. De negocios no sé nada, lo único que se hacer, es cantar. Que negocien por mí". Esos hombres se fueron y me quedé con los dos monitos, cuidanderos permanentes. De nuevo me repitieron que estuviera tranquila, que todo iba a estar bien. Pregunté a uno de ellos:

"Monito, ¿por qué me secuestraron? Respondió: "Monita, su familia ha sido muy honorable y nunca ha tenido problemas. A usted la "aventó" (8) una persona que está muy metida dentro de su familia. No su familia. Es alguien que está muy metido adentro. Si quiere, le decimos quién fue". Le contesté de inmediato:
"No, monito, no quiero saber quién fue". Casi en shock por mi respuesta que no esperaba, me dijo: "¿Por qué?". "Mirá, monito, nada me gano con saber quién fue porque en este país justicia no hay. Si mucho sucede, lo máximo es que detienen a esa persona, la sueltan al mes y empieza entonces una cadena de violencia donde la única solución va a ser: nos matan o la matamos. Y nosotros no somos capaces de matar a nadie. Esa persona es una delincuente y nosotros no. En estos momentos, sufrimos, pero esto pasará mientras que esa persona siempre será una secuestradora y va a cargar con ese peso en su conciencia para toda la vida. Así es pues, monito, que no me interesa saberlo, te agradezco el ofrecimiento".

Se quedó pensativo. Mirándome extrañado, me dijo que era cierto, y que yo era una persona muy distinta al resto. Al momento, llegó el otro monito con el diario "El Colombiano" y muy entusiasmado exclamó: "¡Monita, se volvió famosa! Mire". Y me mostró la noticia del secuestro. En la misma página, se informaba no solo sobre el mío sino sobre otros secuestros. Respiré hondo y pedí a Dios por todos y por sus familias.

Luego se aparecieron con más chocolatinas y con dos casetes (9) de música española. Uno de Paco de Lucía; y el otro, El amor brujo, de Manuel de Falla. Bastante acertado el regalo, porque es música que me encanta. También me llevaron cuadernillos con sopas de letras. Pregunté que más tenían para entretenerme, sacaron unas cartas y me dieron también películas de Rambo.

Y se las devolví bromeando con ellos que cómo se les ocurría ponerles películas de Rambo con semejante violencia a una persona secuestrada, y les dio risa, contándome que para ellos eran inspiradoras. Pedí que me buscaran algo divertido, pero esta solicitud no fue atendida.

Comencé a organizarme para adaptarme a mis nuevas circunstancias. Les dije que así como ellos me habían secuestrado, tenían que acompañarme a rezar la Novena de aguinaldos (10) que empezaba al día siguiente, porque yo toda la vida la había rezado en mi casa y no me iba a quedar sin hacerla. Ellos me dijeron que sí, que claro, no tenían ningún inconveniente. Tal reacción la sentí normal puesto que, para todos los sicarios, al menos los de aquellas décadas, lo primero era Dios y madre. En alto porcentaje manifestaban una inexplicable religiosidad e imploraban, con enorme devoción, a María Auxiliadora y al Divino Niño para que sus trabajos salieran bien y nada grave les ocurriera mientras, sin piedad, ellos secuestraban y asesinaban a quienes fueran. Todo eso, al tiempo que mi familia, mis amigos y yo, pedíamos que pudiera regresar bien y no me mataran. Aunque tal contexto religioso me desconcertaba, al mismo tiempo los entendía. Más adelante explicaré cuanto concluí.

Los dos monitos, mis continuos cuidanderos, estaban conmigo casi todo el tiempo y conversábamos mucho. Yo trataba de entender cuanto me pasaba. A pesar de la violencia ser dolorosa noticia de todos los días en Medellín, otro efecto causa cuando tú formas parte directa de ella. Yo veía a estos muchachos de mi edad o menores, con sus vidas, en mi concepto, desafortunadas mientras yo gozaba a plenitud de una vida maravillosa, llena de amor y oportunidades, de horizontes amplios y abiertos. De ninguna manera justificaba aquello que hacían, pero entendía que para ellos era su única forma de sobrevivir, al igual que sus familias.

Les preguntaba por qué se habían dedicado a este tipo de actividades y todas sus respuestas recaían necesariamente en el hecho de ganar algún dinero para sobrevivir. Les decía que si a una hermana de ellos o a su mamá las secuestraran, ¿qué harían ustedes? Sin vacilar y casi que furiosos y determinantes, me respondían, "mataríamos a esos ****** (los peores insultos que se puedan proferir y escuchar). Les replicaba yo, "entonces, ¿ustedes no están haciendo lo mismo?". Y se quedaban callados. Pretendía hacerles ver que había cosas por hacer sin necesidad de tener dinero, aprender a cantar, hacer música, arte, que existían becas para estudiar, se podía buscar ayuda para hacerlo y en el caso del canto, este le llenaba a uno la vida. Todos podíamos cantar. Ellos me prestaban atención y de verdad no sé si algunas de mis palabras y algunos de mis consejos calaron en ellos. Tenían actitudes de atención y de tener en su alma, en su corazón, otro tipo de pensamientos, otras vibraciones diferentes a esas con que a diario se debían sintonizar. Por lo menos traté con amor y con todas mis fuerzas que así fuera.

Después de tales conversaciones, recurrentes durante todo mi encierro, ellos me dijeron que diera gracias a Dios porque a pesar de haber tenido tanta gente secuestrada, y ya habían perdido la cuenta de cuántos pasaron por allí, yo era la única persona a quien no amarraron ni mantuvieron "esposada" (11) a la cama.

Confesaron que no sabían qué hacer conmigo, aceptando que yo era diferente y mi caso muy distinto a todos los demás. En horas de la tarde, ese 15 de diciembre de 1990, escuché que algunas personas corrían, había demasiado ajetreo nada usual, los monitos hablaban por teléfono y no sé si llegó más gente, pero el escándalo y la agitación eran grandes. Me asusté mucho, pensando que había llegado el ejército a rescatarme.

Vi a uno de los monitos pasar frente a mi cuarto. Le pregunté qué pasaba y me contestó muy triste, con rabia, tristeza y confusión: "Monita, nos mataron al patrón y al hijo de él". "¿Y quién los mató?". "El ejército". Cuando escuché esas palabras, sentí desvanecerme del terror. Pensé, "ay jueputa, ahora sí nos mataron a todos". No tenía consciencia de que hubiera otras personas secuestradas cerca de mí, en la misma casa, en otras habitaciones tal vez, pero los monitos me habían llevado el periódico y me mostraban los secuestrados del día anterior. Esta sería una oportunidad de venganza con el gobierno, matar a todos los secuestrados inocentes, pensé de inmediato. Y le pregunté, haciendo alarde de toda mi capacidad histriónica y de sobrevivencia: "Ay, monito, ¿cómo así? qué es esto tan horrible, ¿y quién es el patrón?". "Gacha, y también mataron al hijo" (12).

Cuando supe quién era "el patrón", mi terror aumentó. ¡Estas eran ligas mayores! "Ay, monito, qué es esto tan horrible! ¡Qué desgraciados! ¿Como hicieron eso? El monito profería insultos contra el ejército, en medio de lágrimas, repitiendo, "sí monita, sí monita". Le dije: "Mi amor, calmate, tranquilo monito. ¿Ustedes tienen aquí una Virgencita para que recemos un ratico?". Nunca he sido rezandera, solo para las novenas de aguinaldos. Pero tiene ventajas haber sido obligada por mi madre a rezar todos los días el rosario. Para este momento, tenía yo un buen repertorio de oraciones. Mi vigilante dijo: "Sí, monita. Aquí tenemos una María Auxiliadora". "¿Vamos? Llama al otro monito y tranquilo. Todo va a estar bien". Fuimos hasta un patio interno donde había un pequeño nicho y rezamos los tres, allí parados, en voz alta, sobresaltados, todo aquello que se me iba ocurriendo y venía a mi memoria desde mi niñez y mi adolescencia. Cuando no me contestaban, les pegaba un codazo que los hacía regresar al presente. Aunque fuera de lo normal, ese momento fue para mí uno de los más pavorosos, sin contar el instante en que me secuestraron.

Después de rezar se fueron tranquilizando y yo pasé todo el día haciéndoles terapia de duelo y acompañándolos. Yo trataba de estar calmada y así como mi madre me decía desde niña, segura de que todo iba a salir bien. Tal certeza nunca me dejó desfallecer. Por otro lado, mi carácter y personalidad siempre han sido tranquilos y empatizo fácil con las personas. Esto me hacía comprender cómo se sentían ellos y cuál era su motivación para trabajar en este campo del sicariato. Cuando dialogábamos largas horas, con unos más que con otros, descubría personas que con la intención de estar mejor económicamente y ayudar a salir adelante a sus familias, encontraban en el sicariato la opción para hacerlo

Éramos dos almas asomándose a hablar libres, como si estuviésemos en otro plano y la terrible realidad del secuestro no existiera. Para mí, era importante entender la desigualdad de la vida. Éramos jóvenes, casi todos de las mismas edades pero con oportunidades y circunstancias opuestas. En nuestras conversaciones les insistía en que yo pensaba que había otras oportunidades para hacer las cosas de otra manera. Por ejemplo, en el arte y en el canto podían encontrar otros alicientes. Con estos consejos, no sé si alguno terminó cantando porque esta era mi gozosa actividad gran parte del día, con el fin de tener mi energía lo más equilibrada posible. Durante las noches, como rezaba con ellos la Novena, les hacía cantar el lindo estribillo: "dulce Jesús mío, mi niño adorado, ven a nuestras almas, ven no tardes tanto". Además de algunos otros villancicos. Posiblemente "los monitos" pensaban ¿qué vamos a hacer con esta loca? Para entretenerme y no caer en la depresión, fuera de cantar hacía palmas y pitos (13), acompañando la música española que me compraron, los llamaba para jugar cartas, hacíamos sopas de letras y todos los días, que fueron pocos gracias a Dios, porque de otra manera me hubiera alcoholizado, a las cinco de la tarde pedía mi whisky con hielos, hacíamos la Novena, y luego más y más whisky y ellos se fumaban sus largos cigarrillos de marihuana.

Nunca me ha gustado la marihuana, como atrás lo indiqué, ellos dijeron que era lo único que les permitían hacer y no podían tomar ningún licor ni consumir nada más. Yo pensaba: el traguito es mi otra forma de relajarme y poder dormir. Es justo que tengan la de ellos. Con el humo de sus cigarrillos y el humo de los míos y el whisky, creo que me dormía entre boba y loca pensando que si me tocaba allá el 24 de diciembre, organizaría una obra de teatro con ellos. Después de tres días de estar secuestrada, cambiaron a los dos monitos y llegaron otros dos a cuidarme. Uno de ellos era morenito y yo le decía "Negrito". El otro monito era mayor que todos los anteriores y que nosotros. Tenía 40 años y me dijo que era chef profesional, que debía alimentarme bien, y decirle si quería langostinos, carnes o pollo, todo un menú de apetitosas opciones, pero igual a mí todavía no me pasaba la comida. Solo conseguía comerme la arepa del desayuno y beber el milo. Le agradecí, pero fui sincera y le dije que no era capaz. Durante la noche me puse a conversar con el Negrito y me contó que su signo era Tauro. Dialogamos como si fuéramos amigos de toda la vida.

Cuando yo abría estos espacios de dialogo, nunca pensaba que tales hombres eran secuestradores, mis secuestradores. Era vivir e interactuar en otra realidad, como lo dije atrás. Las conversaciones eran sinceras y profundas. Todas las noches, alguno de los monitos dormía en una colchoneta en el piso, al lado de mi cama, y esa noche le tocó al Negrito. A la mañana siguiente, me desperté sobresaltada con un peso en mi pecho. El Negrito me había puesto un osito panda de peluche. Abrí los ojos y él me dijo: "Monita, es para que no se sienta sola". Le di las gracias con una gran sonrisa y le dije que se llamaría "Torito", en su honor, puesto que él era de signo Tauro. Abracé a Torito y dormí un rato más. Cuando desperté de nuevo, ¡oh sorpresa!, la cama estaba llena de peluches que no sé de dónde los sacó, y me repitió de nuevo: "Para que no sienta sola, monita". Estos gestos solidarios, yo los agradecía desde el fondo de mi corazón, con sincera alegría y ternura, al igual que los chocolates que se esmeraban en comprar para darme lo mejor de ellos.

"Torito" se instaló como mi compañero permanente. Me encantaba. Los días seguían transcurriendo y en medio de las conversaciones siempre me decían que no me preocupara, que continuaban negociando con mi familia y si no intervenía el ejército ni la policía, todo saldría bien para ellos y para mí. Me contaban historias de personas que luego de ser liberadas los reconocían, y entonces ellos tenían que asesinarlas. Yo les decía que no se preocuparan, "soy muy mala fisonomista" y les cambiaba el tema. En esa época, estos cuentos de terror eran el pan colombiano de cada día y no había necesidad de reforzarlos.

Yo sentía miedo y tristeza. Preocupación grande por toda mi familia y mis seres queridos. Oraba más por ellos que por mí, para que tuvieran salud y fortaleza. Sabía cómo me encontraba física y mentalmente yo, pero de ellos no tenía ninguna noticia consoladora. Les pedía a los monitos el favor todos los días de llevarme al patio para tomar el sol, ya que de otra manera no lograba calentarme y cada día me sentía más débil, pero no estaba dispuesta a dejarme caer. Otras veces, me sentía heroína de una novela. Esto me convertía en una persona interesante y todo el mundo querría saber la historia. Acapararía la atención de todos, pero a qué precio. La primera noche que le tocó al nuevo monito dormir a mi lado, conversamos como de costumbre. Fue al único de mis vigilantes que se me ocurrió preguntarle cuánto tiempo llevaba en el "negocio" (del secuestro). Reaccionó molesto diciéndome por qué le preguntaba eso. "No, por nada. Simple curiosidad". Cambié de tema y la conversación siguió. Él tenía una niña de 7 años quien pronto haría la primera comunión y era su adoración. Le dije que no se molestara conmigo, pero que pensara en su niña. Conversamos hasta altas horas de la noche.

Al día siguiente, cuando desperté, me dijo que no había podido dormir bien porque tuvo una pesadilla horrible. "Vea, monita, soñé que usted se quería volar y yo le gritaba diciéndole: "¡No te volés porque si no tengo que matarte, hijueputa no te volés que no te quiero matar! Y usted seguía insistiendo en volarse. Entonces me desperté muy angustiado ¿y sabe que hice? Me fui a la puerta de la casa donde está la oración a María Auxiliadora y la hice por usted, para que nunca en la vida ni usted ni su familia vuelvan a pasar por una situación de estas. Usted no se merece esto. ¿Y sabe que monita? ¿Sabe por qué me puse así cuando me preguntó cuánto tiempo llevaba en el negocio? Porque esta es la primera vez que debo cuidar a una persona secuestrada, y justo me toca usted. Usted no se merece esto". Sentí ganas de llorar y repliqué: "Monito, si es tu primera vez, todavía estás a tiempo de salirte, reacciona. Piensa en tu hija. Si lo que nos sucede te hace reaccionar, entonces vale la pena esta experiencia". Y hablamos mucho más. Llegamos a tal extremo de confianza, que ellos me mostraron sus armas. Las pusieron al frente porque les dije que me daban miedo. Cuando las vi en mi cama, casi me desmayo del susto y les rogué que las quitaran de ahí.

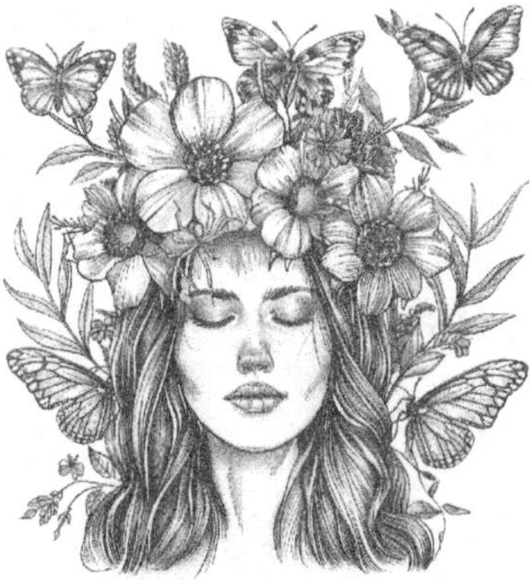

Capítulo Cuatro
LIBERACIÓN

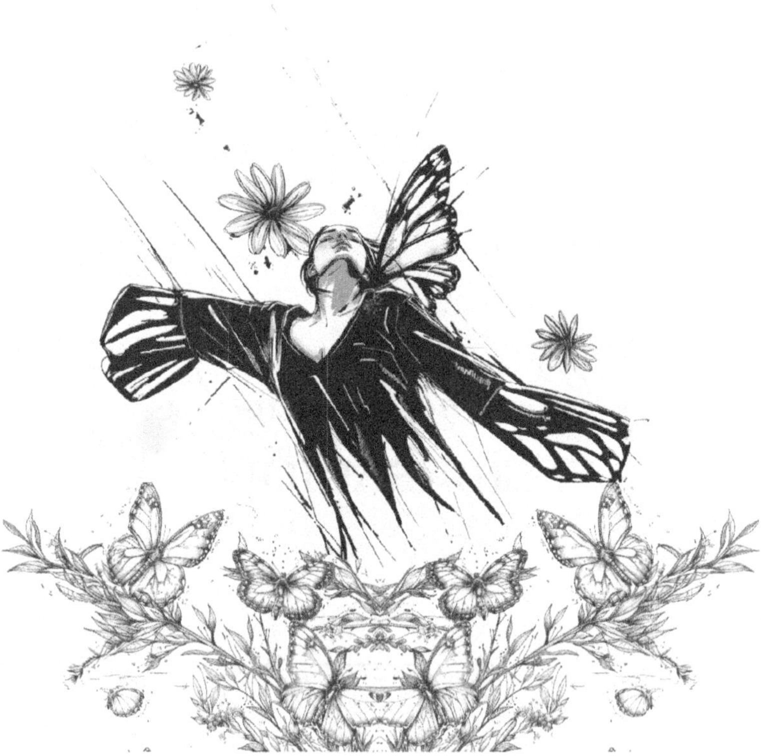

"La libertad está en ser dueños de nuestra propia vida, incluso cuando las circunstancias nos aprisionan".
Jean Paul Sartre

EL 20 de diciembre amanecí con cólicos menstruales. Me sentía mal y después del desayuno vomité a cántaros. El negrito y el monito tocaban con insistencia la puerta, preguntándome qué me ocurría y que les permitiera entrar. Expliqué mi situación. Me dijeron que cómo podían ayudarme y si me compraban algún medicamento. Les contesté que en estos casos mi único remedio era acostarme al lado de mi mamá y que ella siempre me daba agüita de canela con un aguardiente adentro. Estar con ella era lo único que me aliviaba. Se sintieron tristes por mí y me consolaron, diciendo que pronto iba a finalizar todo esto. Por lo pronto, que por mi bien me tomara el agua de canela con aguardiente. Siguieron pendientes de mí. En realidad me sentía mal y muy débil. Hacia el mediodía, escuché de manera repentina un gran alboroto entre todos ellos, pero esta vez de felicidad. A mi habitación entraron alborozados el negrito y el monito, diciéndome con alegría en sus rostros: "¡Monitaaaaa, hoy la vamos a liberarrr, monita!". No pude contener las lágrimas de felicidad y pregunté: "¿Cuándo?". No sabían la hora, pero con seguridad iba a ser ese día. Sentía emoción y felicidad inmensas, pero a la vez temor, porque este crucial momento de la liberación puede terminar en una desgracia. Sin embargo, era más mi confianza en que todo saldría bien.

El monito me dijo: "Ahora sí, monita, no la dejo ir de aquí sin hacerle yo un almuerzo bien rico de despedida". Fue así como solícito y alegre, me preparó un bistec encebollado que realmente estuvo sabroso aunque se me dificultó un poco disfrutarlo porque mi estómago no soportaba mucho. Su gran felicidad y el notorio amor con que lo preparó, junto con mi adrenalina a mil por la esperanza de la liberación, me permitieron almorzar y hacerle a este hombre los cumplidos del caso. Al final de la tarde, me aseguraron que me iban a liberar. Que tomara mis pertenencias. Lavada y planchada, me reintegraron la ropa con la cual me habían secuestrado, "para que mi familia me viera bien", me dijeron ellos.

Cogí mis casetes y a Torito. Recibí las cuidadosas instrucciones del caso. Debía recostarme sobre las piernas del negrito y taparme la cara con Torito. No levantarme hasta cuando ellos me lo indicaran. Al bajarme del automóvil, no mirar para atrás, no hacer ni decir nada, porque este era el momento más peligroso de todos. Pregunté qué debía decir respecto a quiénes eran ellos. "Diga que la guerrilla". Desde el comienzo supe con certeza que no era esta la secuestradora, cuando dijeron lamentándose que habían matado al patrón. Rodríguez Gacha, el "Mexicano", segundo líder y cofundador junto con Pablo Escobar, del temido y brutal Cartel de Medellín. Luego confirmé que quienes me tuvieron secuestrada fueron Los Priscos, nada menos que la feroz banda de sicarios de dicho cartel.

Luego de darme las correspondientes instrucciones que debía seguir al pie de la letra, llegó el momento de despedirme de abrazo y beso, reconociéndoles de verdad lo bien que se comportaron conmigo. Ellos, a su vez, me agradecieron también. Nos deseamos feliz navidad, y que nos fuera muy bien en la vida. Me subí al automóvil en la parte trasera, ciñéndome a las recomendaciones dadas. En un momento determinado me dijeron que podía sentarme normalmente. Llegamos al sitio de la liberación. Una concurrida calle de Medellín. Me bajé del vehículo y allí me esperaba la persona que había negociado para que me liberaran y luego llegó mi primo. Cuando lo vi a él, me sentí feliz y segura.

Nos fuimos directos para el apartamento de esta persona. Mi primo fue por mi madre y por mi hermana, para darles la sorpresa. Mi casa, durante los días del secuestro, parecía una iglesia donde entraba y salía gente durante todo el día, quienes enlazaban con fe y esperanzas en sus peticiones por mi vida y mi libertad, un rosario tras otro. Los organismos policiales pasaban frecuentes por allí, con motivo del policía que resultó herido. Olvidaba relatar este importante detalle, que revela mucho sobre la manera de operar los secuestradores. Me dijeron que cuando declarara ante la policía y preguntaran quiénes fueron mis secuestradores, repitiera lo que ellos me dijeron: "Perdón, monita, no era a usted a quien íbamos a secuestrar. Fue una equivocación". Fue el título de la noticia en El Colombiano, principal diario de la ciudad. Esperé ansiosa la llegada de mi madre y de mi hermana. Mi hermano era más pequeño y no lo llevaron. Cuando nos vimos, nos abrazamos y lloramos. No lo podíamos creer. El dueño del apartamento donde estábamos, decía: "¡hijueputa, una filmadora, una filmadora", para registrar la emoción del momento, y mi madre contestó: "¡una filmadora, no! Todos ya mismo arrodillados para darle gracias a Dios porque tenemos a Anita sana y salva". Esto fue lo que hicimos, con devoción y agradecimiento.

Después nos fuimos para la casa. Todo aquí era una locura. Se encontraba atestada de gente saludando, abrazando, preguntando, riendo y llorando emocionados. Quienes no estaban en ese momento, comenzaron a desfilar a lo largo de la noche, sin parar. Y de nuevo más rosarios y la novena al Niño Jesús que no podía interrumpirse, y entre el tono de infinita gratitud de las oraciones conjuntas, los fragmentados retazos de mi drama, entre lágrimas y risas. Y sin falta, como era de esperar para una apasionada de la música como yo, cuatro o cinco serenatas acompañadas de aguardiente y pasantes(14) hasta el amanecer. Mi hermanito, al día siguiente llegó con un puñado de monedas y me dijo: "Madri", pues soy su madrina de bautizo, "yo ahorré esta plata para ayudar a que te liberaran". Un inocente acto de tal ternura y generosidad me conmovió el alma. Fue y sigue siendo para mí, el detalle más hermoso del mundo que he podido recibir. Cuánto dolor causa en adultos y niños el tipo de situaciones como la que viví. Un feliz desenlace, por fortuna. La felicidad nos llenaba a grandes y pequeños por parejo, y el agradecimiento a Dios y María Auxiliadora por toda una eternidad.

Capítulo Cinco
APRENDIZAJES Y REFLEXIONES

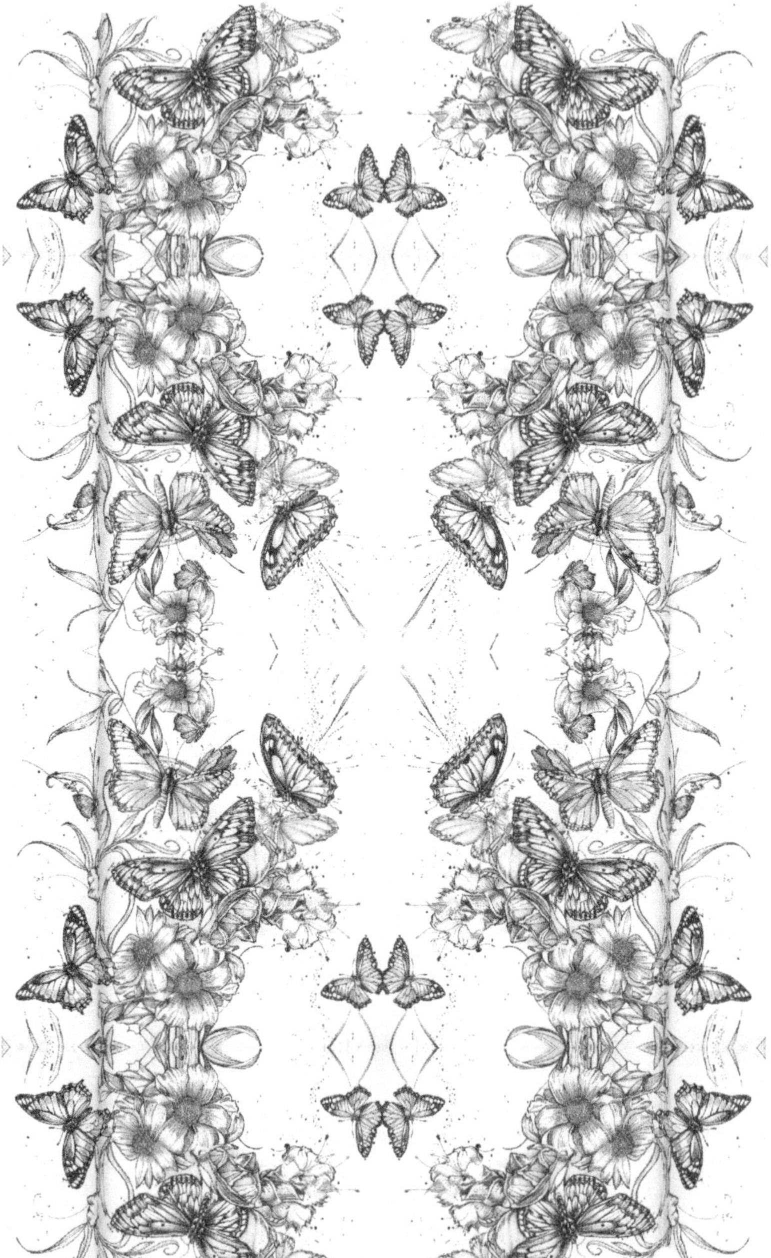

> *"Solo el conocimiento que llega desde dentro*
> *es el verdadero conocimiento".*
> Sócrates

DE MI secuestro, aprendí muchas cosas en ese difícil momento. Y a través del tiempo, muchas más aún. Tal suceso me ha enseñado y me induce a reflexionar acerca de la vida y cómo nos comportamos los seres humanos. Luego de treinta y cinco años de haber ocurrido, echo un vistazo a cuanto es mi vida, hoy por hoy, y entiendo muchas más circunstancias viéndolas y recapacitándolas desde perspectivas diferentes.

Lo más importante que he hecho en mi vida, mi mayor triunfo y lo que más satisfacción me da, es el trabajo que hago en mi día a día para transformarme en mejor persona. Para ser más feliz y sentirme profundamente conectada con la Divinidad de mi propio Ser.

He aprendido que todo este camino me lleva a construir mi propia "Cajita de Herramientas", como la llamo. La vida está rebosante de aprendizajes de todo tipo y cada uno de ellos es una "herramienta" que guardo, y atesoro en tal cajita. Cuando la necesito, allí está para ayudarme. Herramientas de toda clase y tamaño. Aquí dispuestas con orden y cariño. Un secuestro es un evento que te parte la vida en dos. Como decir: antes de Cristo y después de Cristo. Nunca vuelves a ser la misma persona de antes. En tus manos está aprender de él y seguir adelante, con optimismo, con vibrantes propósitos de mejorarte a ti mismo y contribuir a mejorar el mundo, el lugar donde te encuentras. O por el contrario, no hacer nada y vivir amargado el resto de tu existencia.

A lo largo de los años y en una continua búsqueda de autoconocimiento y transformación, me certifiqué como Instructora de Balance Integral (15), Master y Coach en PNL, y en RTT (16) con Marisa Peer. En el proceso, le he dado forma a una técnica que llamo: *"Vibrando con Propósito"*, la cual consiste en guiar e inspirar a las personas a construir afirmaciones poderosas que impacten su subconsciente y alineen sus células con sus propósitos de vida, permitiéndoles no solo vibrar con propósito, sino también empoderarse para asumir su vida y lograr todo lo que desean con claridad y confianza.

He aquí las cosas más importantes que aprendí y sigo aprendiendo. Te invito a responderte con total sinceridad las preguntas que presento, como conclusión final de cada uno de los capítulos de este testimonio de vida, para que transformes tu vida en una experiencia única y maravillosa. Para que veas la magia y el milagro que puedes crear en ella aprendiendo a *"Vibrar con propósito"*.

Capítulo Seis
ACTITUD POSITIVA

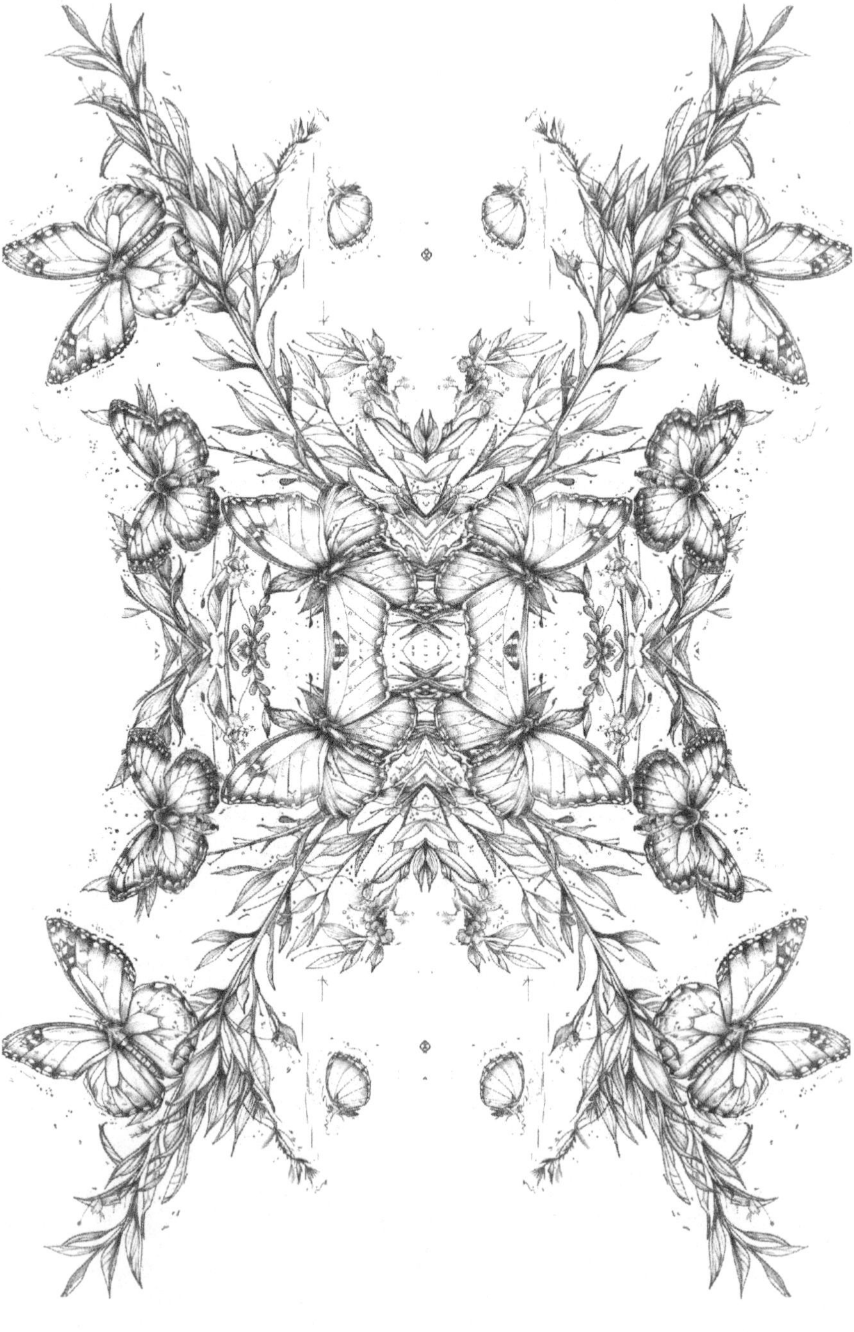

> *"No podemos elegir nuestras circunstancias,
> pero sí nuestra actitud ante ellas".*
> Víktor Frankl

EL PODER aprender de todas mis experiencias, me encanta y me siento agradecida porque mi madre me enseñó desde que yo estaba pequeña: "Anita, todas las situaciones por malas que sean, alguna cosa buena tienen". Ahora reconozco que cuanto ella creó en mí, fue una gran capacidad de resiliencia para afrontar cualquier situación por difícil que se presente. Adaptarme. Aprender de las adversidades y salir adelante, encontrándole sentido positivo y formativo a las experiencias difíciles. Esto no significa que uno no sienta miedo, ni dolor, ni rabia, junto con múltiples emociones que desde aquí se despiertan en uno. Pero saber que tienes la capacidad de observar la situación y en medio de ella buscar algo bueno a que aferrarte, y seguir adelante, sobreponerte y crecer a partir de los desafíos, es un regalo enorme y una de las mejores enseñanzas que he recibido en mi vida. Es indudable que durante mi secuestro dicha actitud, me salvó literalmente de haber sido maltratada, violada o incluso asesinada. Yo pensaba: "Bueno, ahora me tienen secuestrada, ¿qué es lo mejor que puedo hacer para sentirme tranquila y que no me pase nada?". Para tranquilizarme, cantaba y al hacerlo lograba sentirme bien. Al mismo tiempo, los niveles de estrés bajaban considerablemente tanto para ellos como para mí.

El whiskycito me ayudaba a calmar la ansiedad en la noche y no pensar. Confieso que el licor no me da sueño. Más bien me espabila. Sin embargo en esos difíciles momentos este licor cumplía su función igual que el humo de la marihuana que ellos fumaban, de alguna manera desconocida para mí, contribuía también a relajarme. Resolver sopas de letras y jugar a las cartas, por trivial que parezca, me hacía depositar la atención en otras cosas. Conversar y jugar cartas nos ayudaba a todos, por supuesto. Y hacer juntos la novena de Aguinaldos, con cantos y villancicos incluidos, creaba un ambiente tranquilo y familiar. Por supuesto, un crimen como el secuestro, nada bueno tiene para quien lo sufre. Mas una actitud positiva cambia por completo las circunstancias y el rumbo de una determinada situación.

Esta actitud, si como yo tienes la suerte de que te la inculquen desde pequeño y se convierte en una auténtica forma de ver la vida, habrás recibido entonces uno de los regalos más valiosos que puedan darte. Pero si por alguna circunstancia no ha sido así, te invito a que reflexiones y empieces a integrarla en tu diario vivir. Examina tus creencias limitantes y encontrarás muchas repuestas.

1

¿Qué creencias limitantes sobre las dificultades podrías transformar para fortalecer tu resiliencia? Entendiendo resiliencia como capacidad de adaptarse, aprender y crecer frente a la adversidad, transformando los desafíos en fortalezas.

2

¿Cuándo fue la última vez que te permitiste observar una situación desafiante desde una perspectiva positiva? ¿Qué aprendiste de esa experiencia?

Capítulo Siete
ATRAES LO QUE MÁS TEMES

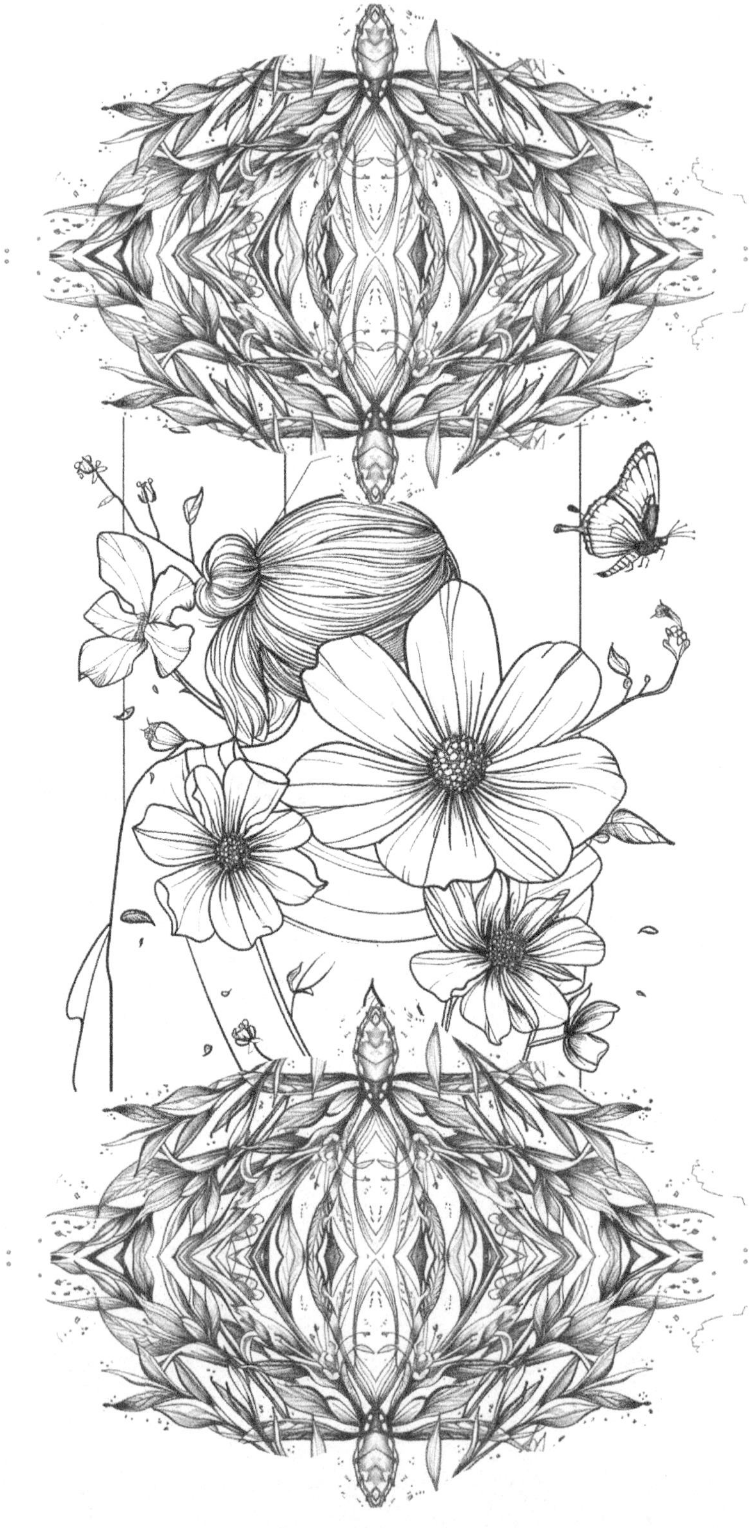

> *"Somos lo que pensamos.*
> *Todo lo que somos surge de nuestros pensamientos.*
> *Con ellos creamos el mundo".*
> Buda

ATRAES LO que más temes, y terminas por convencerte de que algún día va a pasar. Puedes llegar al extremo, como fue mi caso, de que mientras sientes temor comienzas a buscar la solución, por si esto sucede. Igual que lo hizo mi madre cuando nos decía qué debíamos hacer en caso de un secuestro. Así de poderosos somos. Y no nos damos cuenta que estamos acostumbrados a darle toda la fuerza a lo que más tememos, olvidando dársela a lo que más queremos, tal vez porque la sociedad nos ha inculcado siempre, a lo largo de nuestra existencia, que las cosas malas están siempre presentes en la vida mientras que por las buenas debemos luchar.

Mi madre rezaba todos los días el rosario y pedía a Dios que "nos librara de todos los enemigos, asesinos y secuestradores". Y eso sucedió: me secuestraron. Ocurrió no porque Dios no la escuchara. He aquí el conflicto para muchas personas. Aquello no dependía de Dios, aquí intervino el libre albedrío de personas que estaban cerca de nosotros, y que sabían del terror que sentía mi madre con solo pensar en tan abominable crimen. Le conocían su talón de Aquiles. Estaban al tanto de su parte débil. El miedo debilita a quien lo siente, alimentando a su vez a cobardes que no logran hacer nada sin violencia. Como dije atrás, si tienes un temor que siempre te acompaña, le das una fuerza tal que se convierte en tu propia realidad. Podría escribir un libro acerca de cómo atraemos a nuestra vida lo que tanto tememos, pero para tratar tal tema hay numerosos especialistas y considerable bibliografía. Yo, simplemente escribo desde mi experiencia.

¿Estaremos tan acostumbrados a las historias de tragedias con final feliz, que hacemos de nuestra vida una recreación de estas? Cuando pregonas en alta voz y en todo lugar, a quienes están a tu lado, aquello que más temes, debes tener la certeza de que estás entregando el control de tu vida a quienes puedan o quieran hacerte daño. Cuando conozcan tus debilidades, sabrán por dónde atacarte e ir a la fija. Aprendí a no contar mis temores profundos porque la gente que desea hacerte daño, se alimenta de ellos. Nuestros miedos siempre alimentan la aparente y falsa valentía de los cobardes, dispuestos a despojarnos de lo que nos pertenece. Y no me refiero solo al dinero.

Aplica en amplios sentidos de la palabra. Las personas cobardes pueden robarnos no solo nuestro dinero, también nos quitan la seguridad, tranquilidad y confianza en la vida.

De nosotros depende entregar o no este control que nos pertenece y debemos conservar a toda costa. He aprendido a pedir ayuda al cielo en cada instante de mi vida. Y aunque los miedos aparecen intermitentes, a veces más fuertes y frecuentes, o en ocasiones de manera esporádica y más débiles, cada instante de mi vida recuerdo que no estamos solos. Existen ángeles protectores a cada paso que damos, a lo largo y ancho de nuestro camino por la vida y por el mundo, y nos acompañan muchos seres de luz. Tenemos, por derecho propio, acceso a la comunicación y la ayuda divinas permanentes. Siempre, aunque no lo parezca en ocasiones, somos escuchados y asistidos.

3

¿Hay algún temor recurrente en tu vida al que le has estado dando demasiada fuerza? ¿Qué podrías hacer para enfocarte en lo que realmente deseas en lugar de tus miedos?

4

¿Cómo podrías proteger tu paz y mantener tu poder personal, al no compartir tus miedos más profundos con quienes podrían usarlos en tu contra?

Capítulo Ocho
MUCHAS VECES SIGUES ENGANCHADO AL MIEDO DE POR VIDA

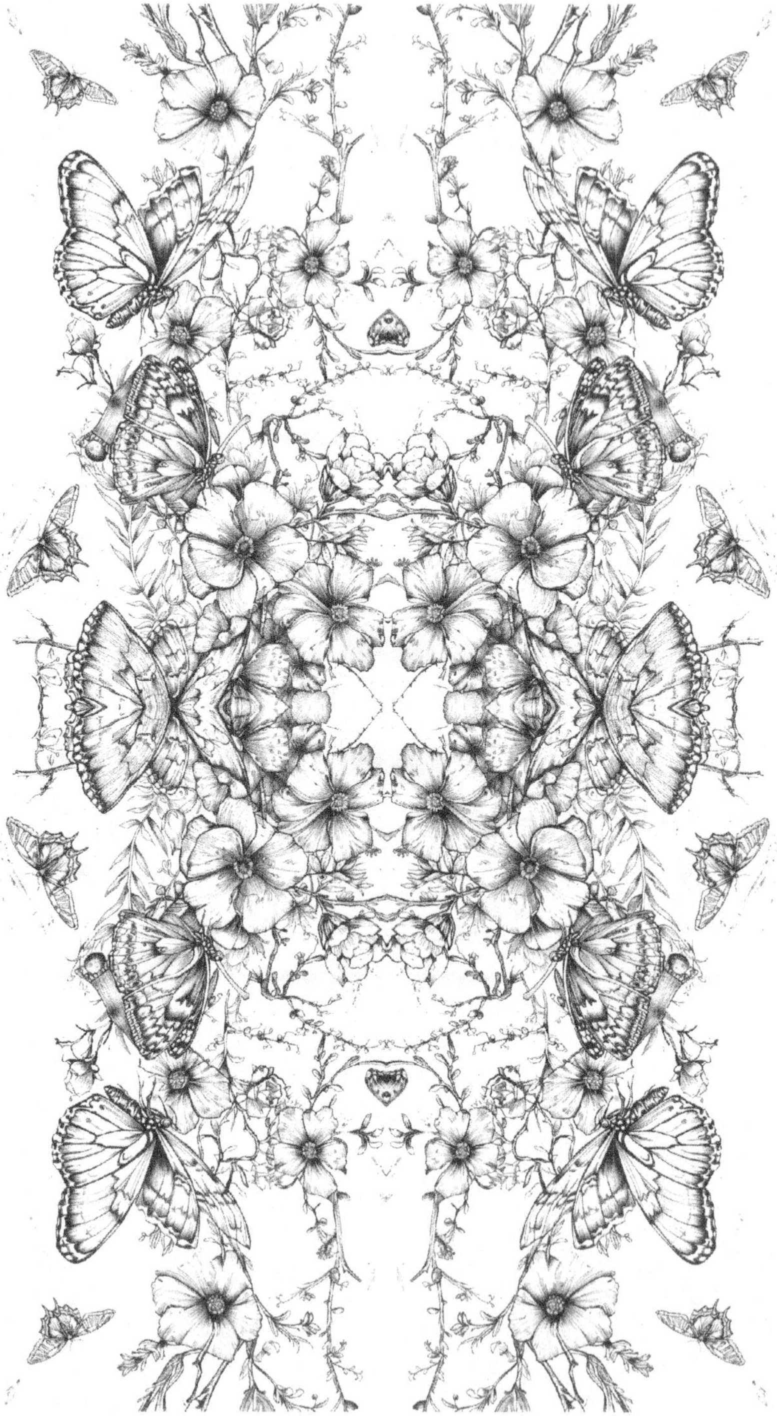

"El miedo es el peor de los consejeros"
Michel de Montaigne

TAMBIÉN APRENDÍ que, aunque en el momento se supere el miedo, tienes que seguirlo trabajando en ti mismo porque el secuestro no es solo físico. Podemos estar secuestrados por nuestras propias emociones en diferentes grados de intensidad. Y sentir un miedo irracional que no nos deja avanzar ante una situación muchas veces imaginaria, pensando "¿qué pasaría si...". Muchas veces lo siento e imagino toda una película. De manera consciente lo he trabajado mediante programación neurolingüística y otras herramientas que me han ayudado muchísimo, en las cuales me he certificado. Gracias a ellas, he tenido la oportunidad de ayudar a numerosas personas en diferentes campos. Como lo dije en capítulos anteriores, la práctica diaria de emprender una estrecha comunicación con los ángeles y los seres de luz, me da la certeza de estar acompañada y guiada en todos mis procesos.

Siempre estoy convencida que todo, al final, me sale bien. Hoy por hoy, no me conformo solo con esto. Elegí para mi vida la felicidad en abundancia. Esto incluye saberme, sentirme guiada y ayudada, acompañada y protegida en todo momento. Tendemos de manera inconsciente a quedarnos enlazados en eventos traumáticos de nuestra vida y las diferentes emociones que estos nos han provocado: dolor, miedo, victimismo y todo un abanico emocional extenso para enumerar.

Volviendo a mi caso, a pesar de haber creído que lo había superado; tal vez porque estaba muy joven y a esa edad sentía que tenía muchas ilusiones, y sobre todo porque estaba decidida a no dejarme derrumbar por nada ni por nadie, soñaba con frecuencia que estaban persiguiéndome para secuestrarme o hacerme daño. Al sentirme arrinconada, me defendía trepando paredes como si fuera una araña. Con mis piernas me apuntalaba para deshacerme de mis enemigos. Pasaron varios años con la recurrencia incómoda de estos sueños. Un día, cansada de ellos, me dije y les dije a ellos, "¡no más, se terminó esto!". Y empecé a repetirme, antes de ir a dormir, que tendría un sueño tranquilo y reparador. El resultado fue positivo y gratificante. Al cabo de varios días, empezaron a disminuir estas pesadillas hasta desaparecer por completo. Me confirmé, una vez más, que yo podía controlar mi mente y crear mi propia realidad.

Considerando que había hecho el trabajo deseado, pude comprobar que de otras formas yo continuaba presa del miedo. ¡Son tantos los temores que tenemos, y nos mantienen secuestrados por largos periodos o a veces por toda la vida! Lo peor o lo mejor del caso, dependiendo del cristal con que lo mires, es que solo podemos liberarnos nosotros mismos. No lo puede hacer nadie más. Muchas veces vivimos presos del miedo y este no nos deja avanzar en nuestras vidas. Y lo paradójico es que, cuando puedo solucionar uno, verifico con desconsuelo que sigue otro para soltar. Estos miedos con los cuales dialogamos internamente, he aprendido a identificarlos. Me doy cuenta que se hacen más grandes porque viven dentro de mí y yo misma me formulo preguntas y planteamientos para los cuales también me doy las respuestas. Enfoco mi atención en ellos y por eso crecen y me da miedo dejarlos salir.

La vida nos presenta grandiosos retos que luego se convierten en extraordinarios logros si vencemos el miedo. Estos miedos internos, nos atrapan y nos anclan al pasado. Me observo y me siento feliz, satisfecha de haber vencido muchos miedos, aunque también me siento asustada al enfrentar aquellos que no he vencido aún.

¿Puedes ver el caos que armamos en nuestra mente a diario? El haber obtenido varias certificaciones y convertirme en Instructora y Coach, me ha proporcionado una diversidad grande de posibilidades para trabajarlos y ayudar a otras personas a hacerlo. El miedo es una de las emociones más profundamente arraigada en el ser humano. Aprender a enfrentarlo con amor hacia mí misma, ha sido maravilloso.

5

¿Hay algún miedo o emoción del pasado que te esté limitando actualmente? ¿Cómo podrías liberarte de él para avanzar hacia tus metas y bienestar?

6

¿Qué práctica diaria podrías incorporar para ayudarte a enfrentar tus miedos con amor y compasión hacia ti mismo?

Capítulo Nueve
EL PERDÓN

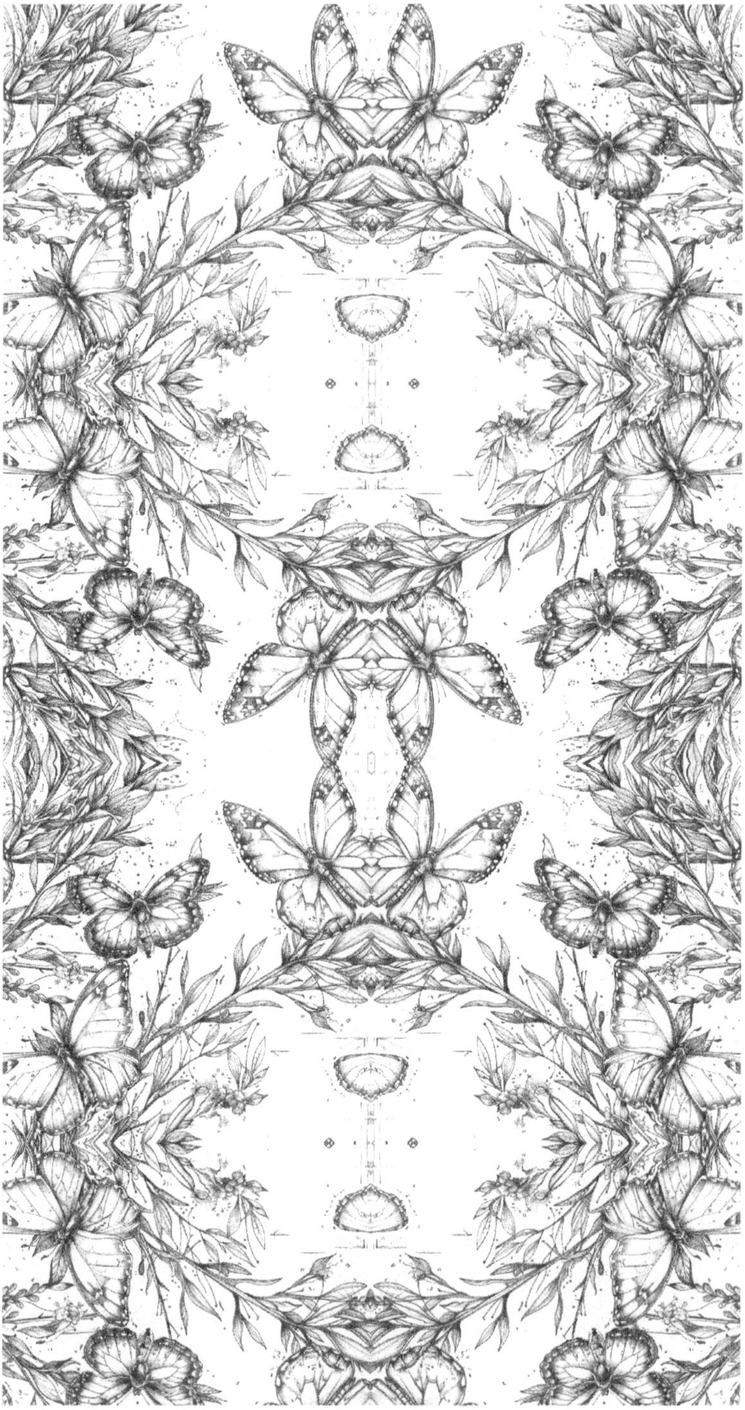

> *"Perdona a los demás,*
> *no porque merezcan el perdón,*
> *sino porque tú mereces la paz".*
> Buda

UN PAR de preguntas fundamentales: ¿Qué es para mí perdonar? ¿Cómo entiendo y aplico mi concepto de perdón? Según lo mencioné con anterioridad, nací en un hogar católico y mi madre cumplía al pie de la letra todas las normas y la doctrina propias de tal religión. Se sobreentiende entonces que el tema del perdón ha estado presente en mi vida desde temprana edad, cuando me preparaba para hacer la Primera Comunión. Fue un concepto ético que siempre debatí con mi madre porque nunca sentí que yo debía ser perdonada por nada de lo que había hecho o dejado de hacer. Me enseñaron una lista de "pecados", tales como: ayer fui desobediente con mis papás, peleé con mis hermanos, me comí un dulce al escondido, mentí a mi madre, y muchos más por el estilo que nunca acepté como tales. Lo crítico de todo esto, era que yo debía encajar en muchos de ellos para ser digna del perdón por algo que no había hecho, o que si hice no lo consideraba malo ni le hacía mal a nadie. Sin embargo, siempre había algo de lo que tenía que arrepentirme.

Desde estos primeros acercamientos y reflexiones mías a la actitud del perdón, no pude entender cómo funcionaba y, menos aún, entender cuando era yo quien debía perdonar. Era mi deber perdonar todo el mal que me hicieran. Desde el punto de vista cristiano, significaba que si me abofeteaban en una mejilla, debía poner la otra para que me volvieran a golpear. Si perdonaba debía hacerlo de corazón, olvidando las afrentas recibidas y más bien ayudar a quienes me habían hecho daño y continuar mi vida como si nada hubiera pasado. Cavilando en tales enseñanzas, lo primero que hice fue preguntarme: ¿Por qué debo permitir que me maltraten y no hacer nada al respecto? ¿Cómo olvidar el daño que me han hecho? ¿Por qué sentirme culpable de cosas que no considero malas? Y como si esto fuera poco, ¿por qué debía quedarme como si nada hubiera pasado, y seguir siendo igual con personas que me hirieron de alguna forma? Concluyendo con esto: ¿Por qué tenía yo que poner la otra mejilla y no hacer nada al respecto?

En definitiva, esto del perdón iba a convertirse en un problema para mí. En lugar de pelear contra la religión, me dediqué a observarme y prestar atención a mi entorno, sacando mis personales conclusiones. Deduje que el perdón no es cuestión religiosa. Para mí, el perdón como concepto religioso no es aplicable. No puedo fingir que los sucesos no pasaron y sus consecuencias no fueron dolorosas, a veces graves e irreversibles. Es totalmente válido sentir cólera. Aunque yo, mientras estaba secuestrada no la sentía, cuando pienso en esto y cada vez que ocurren amenazas, extorsiones y secuestros, me da ira, me siento profundamente indignada y se me revuelve todo. La ventaja es que después de haber trabajado tantos años en estos sentimientos, pensamientos y emociones, hoy por hoy soy capaz de orar por todos aquellos que de múltiples maneras me han hecho daño, y decir desde el fondo de mi corazón: "Dios mío bendícelos, son tuyos y en tus manos los dejo". Lo cual me permite soltar aquellas cargas y seguir adelante, serena, liviana.

Para mí, el perdón tal y conforme lo entendemos y conocemos, es un concepto difícil de aplicar en la cotidianidad. Opté entonces por aprender a soltar y continuar avanzando cada vez que estos sentimientos de furia y dolor llegaran a mí. He aprendido a hacerlo porque me ayuda a sentirme bien, a estar cada vez mejor conmigo misma. No lo hago por las demás personas, ni por su bien. Lo hago única y exclusivamente por mí. La búsqueda y el encuentro con mi bienestar en todos los sentidos porque, en el caso contrario, seré yo y solo yo, la única perjudicada por aferrarme al dolor o al daño que me causaron.

Este sano y eficaz ejercicio de soltar y seguir adelante, es una práctica del día a día, semejante a ir al gimnasio a ejercitarte. Si dejas de hacerlo, vuelves a debilitarte. Por tal motivo cada vez que me conecto con sentimientos negativos, respiro profundo y lento, tomo una pausa y suelto. Soltar con decisión. Soltar con seguridad de cuanto hacemos en ese momento. La vida se encargará de cada uno de ellos. No yo. Yo necesito toda mi energía para crear la vida maravillosa que pretendo y ser cada día más feliz. Y a través de mis aprendizajes de vida, inspirar a muchas personas y motivarlas para que Vibren con sus Propósitos.

7

¿Hay alguna situación o persona que aún te genera dolor o resentimiento? ¿Cómo podrías practicar el acto de soltar, enfocándote en tu bienestar y paz interior?

8

¿Qué pasos podrías tomar hoy para dejar de cargar el peso del resentimiento y crear espacio en tu vida para la paz y la felicidad?

Capítulo Diez
MI CAJITA DE HERRAMIENTAS

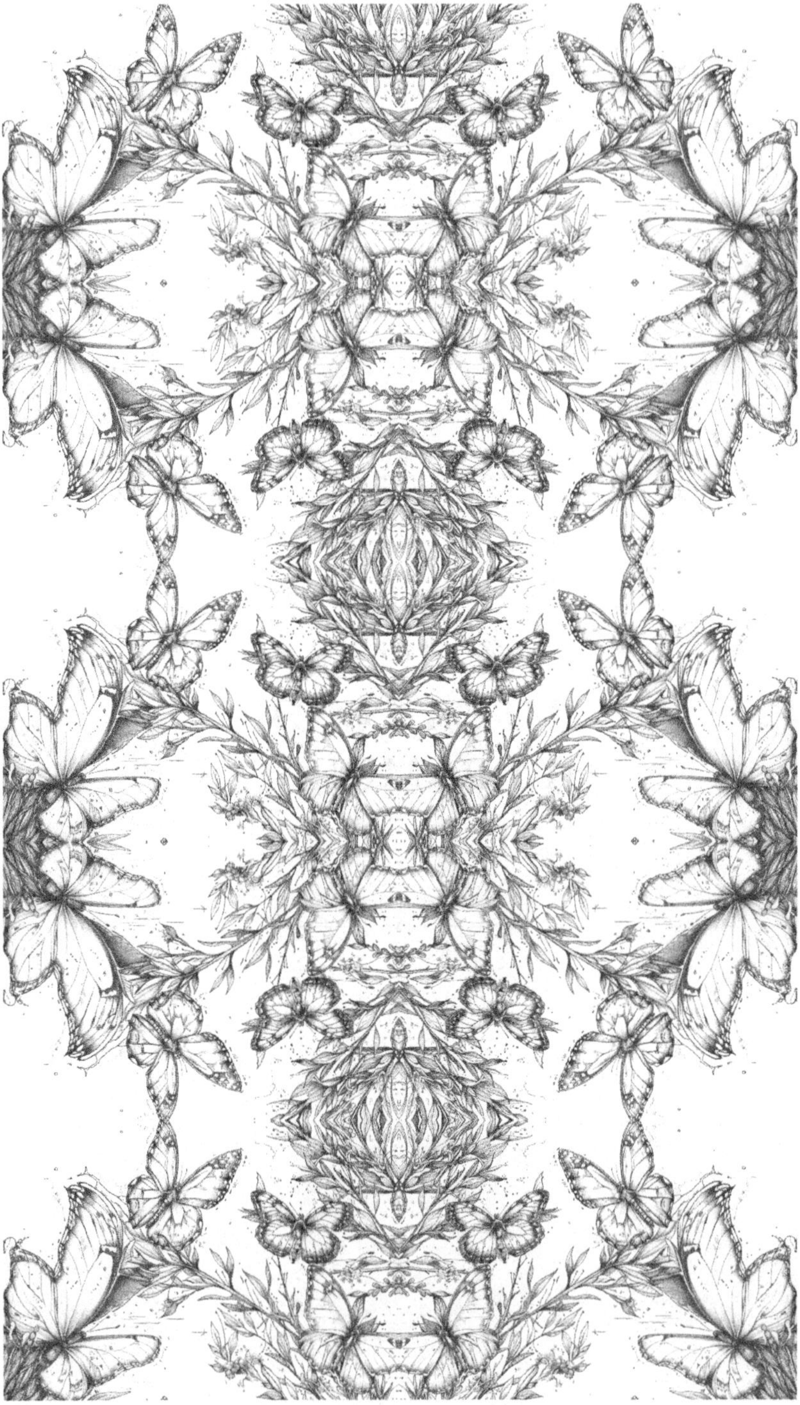

> *"Todo lo que necesitas para superar cualquier desafío ya se encuentra dentro de ti"*.
> Rumi

EL HECHO de uno trabajar con uno mismo, no significa que no volverán a sucederle circunstancias iguales o semejantes. En el mundo estamos, y hay situaciones y escenarios que uno no puede controlar. Tenemos todo el derecho a sentirnos mal, tristes, enojados y deprimidos. Experimentar emociones negativas. A veces es complejo porque uno cree que ya trabajó cuanto iba a trabajar. Si no realizamos un trabajo permanente y constante, difícilmente habrá un cambio profundo y productivo. La vida te pone en situaciones donde vuelves a revivir, una y otra vez, todo aquello, o parte de cuanto creías haber soltado, y es aquí donde uno debe recurrir a todas las herramientas que uno conoce y con las cuales aprendió a confrontar lo adverso.

Trabajar en uno mismo, no significa que necesariamente no te vuelva a pasar nada, o que cuando estés en la cima no vuelvas a caer. Parte de estar vivos es este movimiento ondulatorio. Yo lo percibo como una serie de escalones por los cuales vamos ascendiendo, despacio o aprisa, pero siempre uno tras otro, conscientes o no de tal ascenso. De un momento para el otro, estando muy arriba, algún hecho con el cual no contábamos ni esperábamos, nos lanza hacia abajo. A veces llegamos muy bajo y pensamos con pesimismo que todos nuestros logros no han valido la pena, o no volveremos a llegar al escalón donde estábamos. No es así. Para esto construimos nuestra la que defino como "Cajita de Herramientas". Nuestra particular, íntima y práctica Cajita de Herramientas, repleta de los elementos que necesitamos para trabajar, buscar y encontrar soluciones derivadas de aprendizajes anteriores y de nuevo salir adelante. Continuar el ascenso por la escalera, pisando firmes cada escalón. Y llegar más arriba de donde estábamos. Esta ha sido mi experiencia constantemente. Desde aquellos años del secuestro. Y cada vez avanzo más. Sé que no soy perfecta ni pretendo serlo. Sería aburrido. Sin embargo día tras día en un mundo donde parece que solo la confusión y el desequilibrio imperan, me siento mejor conmigo misma. Feliz. Esto es lo fundamental.

La importancia de estar fortalecidos interiormente y tener presente nuestra Cajita de Herramientas, para seguir llenándola de aprendizajes conscientes, es saber que cuando recibimos golpes que nos afecten y nos hagan sentirnos mal, utilizándola de manera práctica podremos recuperarnos rápido. Mientras más la utilicemos en nuestro favor, recordando que allí tenemos las herramientas precisas para proceder, más rápido encontraremos la forma de recuperarnos para seguir avanzando.

Pienso que nada es blanco por completo. Ni nada es negro en su totalidad. Creo que todo vibra en una amplia gama de grises, y tales matices nos hacen interesante la experiencia de vivir. Cuando ocurren sucesos malos, cuando nos preguntamos si vale la pena vivir esta vida porque en algunos momentos de desconcierto y desaliento no le encontramos sentido, todo este trabajo interior que podamos llevar a cabo es como una cuenta de ahorros en el banco, a la cual recurrimos en un momento de necesidad y nos salva. Sigo aprendiendo cada vez más. Continúo llenando mi inapreciable Cajita de Herramientas y comparto cuanto en ella acumulo, con quienes estén dispuestos a utilizarla. Esto me hace muy feliz. Agradezco al universo poder hacerlo.

9

¿Qué herramientas o aprendizajes has acumulado en tu propia Cajita de Herramientas para enfrentar momentos difíciles?

10

¿Cómo podrías aprovecharlas aún más en situaciones futuras?

11

¿Qué nuevas herramientas podrías agregar a tu Cajita para fortalecerte emocionalmente y adaptarte mejor a los altibajos de la vida?

Capítulo Once
EL CANTO

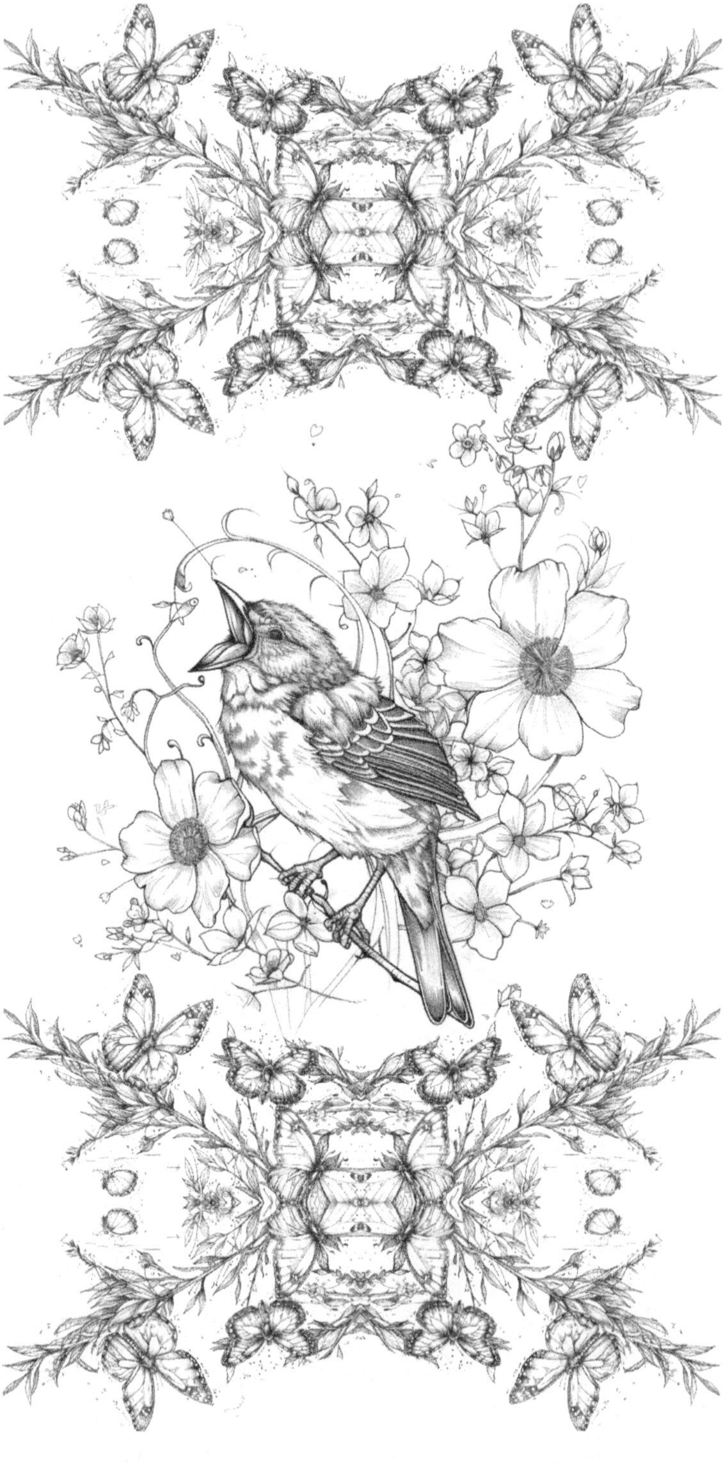

> *"El bosque sería muy triste si solo cantaran los pájaros que mejor lo hacen"*
> Rabindranath Tagore

PARA MÍ, el canto ha sido uno de los regalos más grandiosos que la vida me ha dado. Cantar, en una y otra circunstancia. Cantar siempre porque me hace sentir viva. El canto, sola o acompañada, para mí ha sido siempre la forma perfecta de encontrar el equilibrio interior y de subir mis niveles de energía. Cantar es vibrar con todo mi ser. El canto, es para mí un modo maravilloso de conectar desde mi alma con la gente. Cuando canto, me expando al universo y tengo la certeza de que el universo se expande hacia mí. Me introduzco en otras frecuencias. Mi corazón no cabe en mi cuerpo. Necesito cantar, porque el canto es parte de lo que soy. El canto tranquiliza y eleva la energía. El canto armoniza espacios, alimenta el espíritu, da fortaleza y alegría.

Yo no era precisamente la más afinada cuando estaba pequeña. Yo recitaba, y aunque mi madre nunca me lo dijo abiertamente, me regaló un libro de poemas que todavía conservo, con la esperanza de que me fuera mejor por el lado de la declamación. Yo amaba escuchar música. Recuerdo vívida cuando tenía cinco años, sentarme al lado del tocadiscos (17) y soñar cantando en un lugar pequeño, a media luz, con un público escuchándome absorto. Por esos años, recibí mi primera lección de guitarra, junto con mi madre y mi prima, pero fueron pocas lecciones. Por el lado de mi familia materna, el canto fue una constante, aunque nadie se había dedicado a este de manera profesional. Se escuchaban algunas voces que bien hubieran podido hacerlo con éxito en tal campo. Mi madre y mis tías se reunían los sábados, congregándose a cantar toda la tarde. En este hogareño programa, nos reuníamos los hijos y demás familiares.

De tal grupo hacía parte la persona que fuera de mi madre yo más amaba: mi abuela. En realidad, ella era hermana de mi madre, pero como todos mis abuelos fallecieron antes de casarse mis padres, nunca me pregunté por qué no tenía abuelos. Simplemente, desde mi inocencia y mis sentimientos, la escogí a ella. Nunca he dudado de tan maravillosa y acertada elección. Nos entregó su vida a mis hermanos y a mí, haciéndome sentir hasta el día de hoy que tuve la suerte de tener a mi lado en todo momento la mejor abuela del mundo. Ella tenía una de las voces más lindas y sobresalientes de toda la familia. Poseía un gran sentido musical y la cualidad de la afinación. Me enseñó a cantar y afinarme. Creyó en mí y lo logró. Me concedió uno de los regalos más hermosos y formadores que me hayan dado en la vida. En mi Cajita de Herramientas, conservo elementos de amor y confianza en mí misma que mi abuela me dio.

Las tardes familiares cantando allí todos reunidos, marcaron mi vida para siempre e hicieron que yo soñara con cantar cada día mejor. Pasaron los años. Entré a estudiar canto en El Instituto de Bellas Artes, de Medellín. Iba, bastante desubicada e insatisfecha, de una universidad a otra sin poderme estacionar en ninguna carrera, pero el canto permanecía llenándome de fuerza y felicidad. Era mi universo. Lo que yo amaba hacer en la vida pensando, sin embargo, que debía hacer otras cosas. Aunque mis padres siempre me apoyaron para estudiarlo, no era una práctica y útil opción profesional. Todo se limitaba al placer de cantar. Siempre he sentido el canto como una hermosa forma de conectarme desde el alma con quien me escucha. Y si cantan conmigo, se acentúa tal sentimiento porque sé que la vibración se hace recíproca. Es una necesidad de expresión que nace desde el fondo más profundo de mi ser. Y es una válvula de escape cuando las tensiones se desbordan. Me tranquiliza y eleva mi espíritu. Me conduce a otros lugares.

Al ser el canto parte vital mía, era lógico entonces que surgiera y se manifestara natural en aquellos momentos de angustia e incertidumbre atrás relatados, junto a mis secuestradores. Al ver la reacción de los "monitos" cuando me escuchaban cantar, seguí haciéndolo porque verificaba que, al hacerlo, el tenso ambiente entre secuestrada y secuestradores se tornaba cálido, divertido y sereno. Es innegable. La música hace milagros en la vida de todos los seres humanos. Por eso invito siempre a cantar.

12

¿Qué actividad te permite expresar lo más profundo de tu ser y elevar tu energía, similar a lo que el canto representa? ¿Cómo podrías integrarla más en tu vida diaria?

13

¿De qué manera podrías utilizar el canto, la música o cualquier expresión del arte como una herramienta para calmar tu mente y conectarte con los demás desde el alma?

Capítulo Doce
HÉROES Y HEROÍNAS

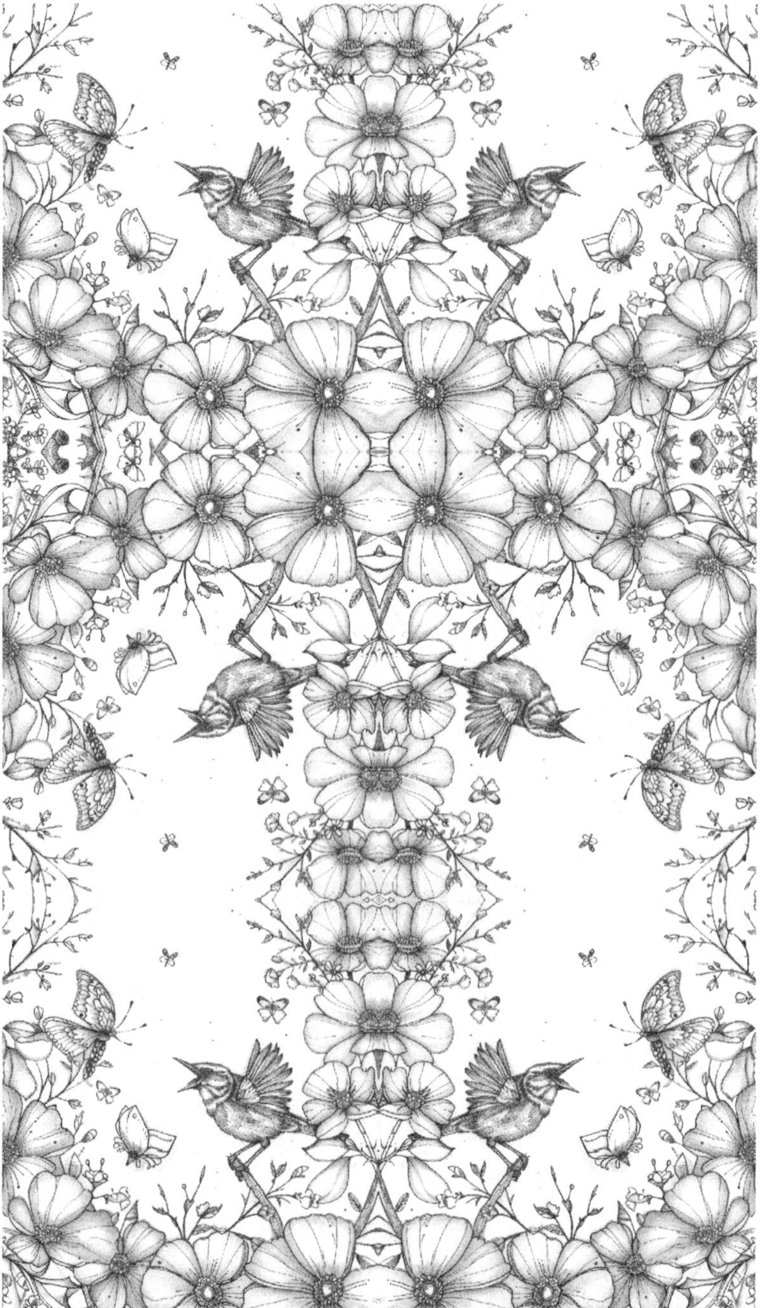

"Yo no soy lo que me sucedió, soy lo que elegí ser".
Carl Jung

¿HASTA QUÉ punto nos identificamos con héroes o heroínas de las historias? Me sentía heroína por encontrarme secuestrada creyéndome importante protagonista de una historia especial. Era en aquellos momentos, de alguna manera, el foco de atención. No puedo decir en ningún momento que fui una niña a la cual nadie prestaba atención. Todo lo contrario. Fui una hija ansiada y anhelada por mis padres, por familiares y amigos puesto que mi madre intentó tenerme por tres años. Su ansiedad por tener hijos no la dejaba quedar embarazada. Era la menor de diez hermanos que la adoraban y yo era su primogénita. Por lo tanto, fui objeto de toda la atención y el amor permanente de quienes me rodeaban. En mi caso, estoy segura de que la televisión y los cuentos infantiles tuvieron que ver con esto. Desde pequeños, la mayoría de historias que escuchamos y vemos tienen un héroe, o una heroína, quien después de sufrir mucho es recompensada y amada por cuantos la rodean. Y al final, los malos reciben su justo castigo. Basadas, esas novelas o cuentos, la mayoría de las veces en historias reales. No pensamos hasta qué punto nos identificamos con ellas. ¿Hasta llegar a ser posible y concreto consuelo en el momento en que nos ocurre una tragedia? ¡Qué horror, solo pensarlo!

¿Cómo puede ser posible que en medio de tanta angustia mía, de mi familia y amigos, con miedo y desconfianza, entre gente extraña, mis captores, imaginara sentirme una heroína? Fue así, en realidad esos pensamientos estaban dentro de mi mente: me sentía importante. Cómo si yo tuviera algo de lo cual los demás carecían. Claro que la mayoría de las personas no lo tenían: yo siempre he tenido historias que contar. Pero me fastidié de hacerlo solo para convertirme por algunos momentos en el centro de atención. Con el paso del tiempo, entendí que no tenía necesariamente que tejer historias donde soy la princesa, la heroína, la indefensa protagonista y la víctima que busca la atención de los otros. Comprendí que yo no estaba valorándome por cuanto era, sino por aquellas situaciones que me hacían víctima, mártir, y alimentaban la necesidad de los demás de saciar su curiosidad o sentirse empáticos con las tragedias.

Es tan corriente en nuestra sociedad y ha quedado tan grabado en nuestro inconsciente este modelo, que no nos damos cuenta que tomamos el sufrimiento y el victimismo cómo un recurso para darnos valor ante nosotros y los demás. ¿Por qué una historia sin drama, victimismo ni tragedia, no se torna interesante? Hemos tomado cómo indiscutible que el dolor, el sufrimiento y la maldad deben ser parte de nuestro diario vivir. Sí. El bien y el mal, dolor y alegría son dos caras de la misma moneda, pero para sentir que somos triunfadores, ¿hay que sufrir y pasar por situaciones terribles? Se vuelve un hábito tener siempre una historia para relatarla a quienes están cerca de nosotros, un drama teñido de tragedia y heroísmo, en cierto modo, siempre de eventos que nos pasan.

Durante varios años seguí enganchada en este rol de víctima, en muchas circunstancias de la vida. Y estaba consciente de ello. Hoy por hoy, mientras redacto estas líneas, producto de reflexiones sobre tales temas, existe ya una gran diferencia. Cuando me observo y tengo conciencia de que lo estoy haciendo, hago un alto. Me detengo y me permito sentirme así, por un momento. Asimilo todo cuanto me sucedió y cuanto estoy viviendo en el momento. Lo uno y lo otro, muy claros. Ese pasado y este presente. Elijo cambiar de página y hacer algo que me haga sentir bien conmigo misma.

Cambio aquello que debo remplazar en mi vida. No siempre es fácil. Sigo adelante. Por eso mi objetivo con este libro no es tanto el de relatar pormenores agradables o ingratos de mi historia, donde el susodicho secuestro es el argumento central, sino a través de sus páginas y la franqueza con que relato aquellos eventos, proporcionar un sólido mensaje humanístico de esperanza. Mostrar que no es necesario sufrir toda la vida. Es posible construir el futuro que queremos y Vibrar con nuestros Propósitos para ser cada día más felices.

14

¿Qué te hace realmente valioso o valiosa, independientemente de las historias de sufrimiento o heroísmo que puedas contar?

15

¿Qué cambiaría en tu vida si asumieras completa responsabilidad de tus acciones y decisiones, dejando de lado cualquier justificación en las circunstancias externas?

Capítulo Trece
EL AMOR MUEVE MONTAÑAS

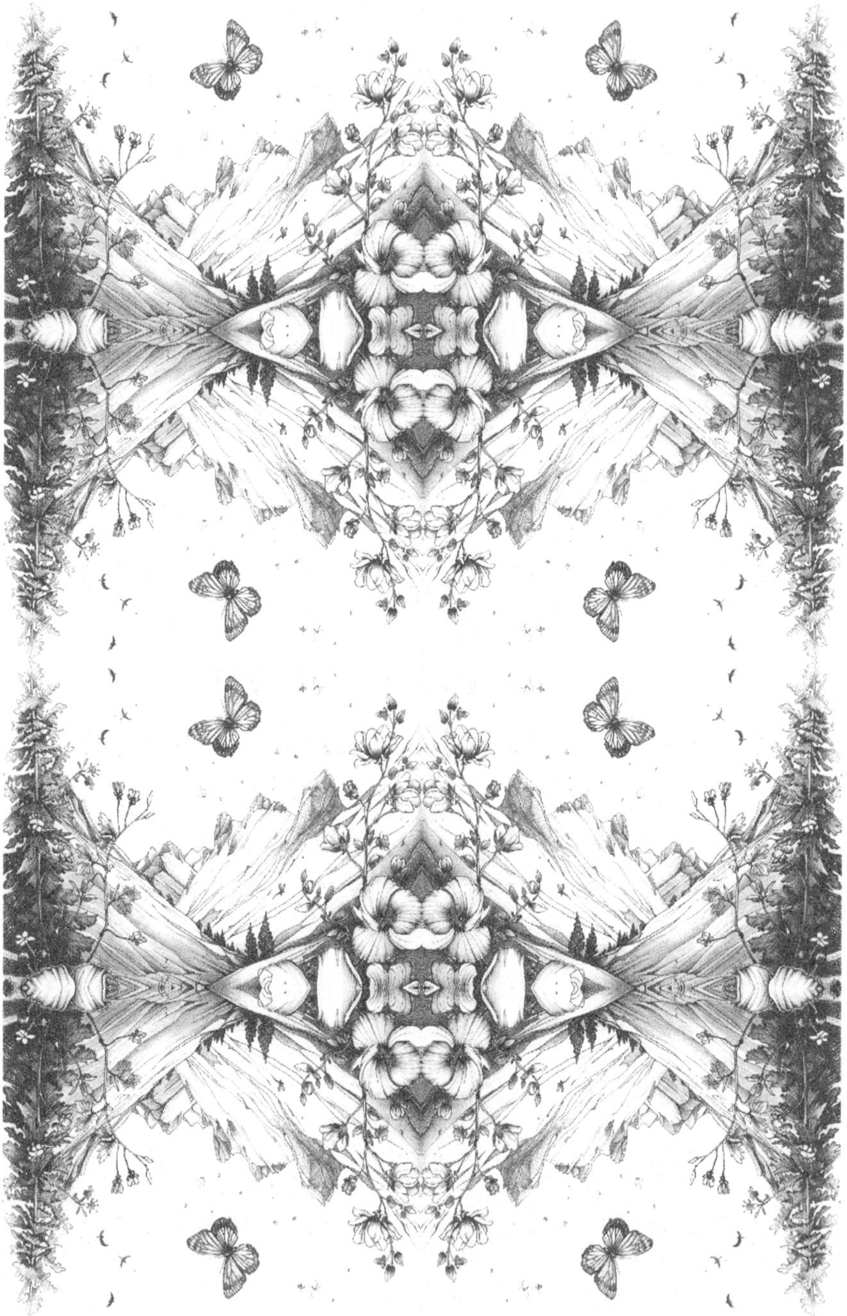

> *"El amor es la única fuerza capaz de transformar a un enemigo en amigo"*.
> Martin Luther King Jr.

OTRA DE las enseñanzas que aprendí, y la frase puede parecer gastada, fue que "el amor mueve montañas". Una verdad suprema. El amor todo lo puede y cuando hay amor, hasta el más insensible y el más malo, a la larga se doblegan. No creo que haya ningún ser humano totalmente bueno ni completamente malo. Y aclaro que aquí no me refiero al amor de pareja, tampoco a ese tipo de amor que sientes por un familiar o un amigo. Hablo del amor que tienes dentro de tu corazón y te permite ser empático con tu prójimo. Esa clase magnánima de amor que no clasifica ni distingue, que no encasilla. Es tener el corazón en paz para responder amorosos en cualquier situación, por severa que sea. Y de la misma manera que tú des este amor, así mismo lo recibirás. Creando y sosteniendo una atmósfera de paz y buenas vibraciones a tu alrededor.

No atacar al otro, cuando este te ataca. Responder, no reaccionar. Tener la virtud de ver la belleza del alma en situaciones complicadas. Cuando los secuestradores dedicaron algún tiempo para escoger y llevarme una elegante caja de chocolates con una foto romántica, un tipo de empaque que para ellos era lindo, tal actitud la defino y la considero como un pequeño acto de amor. Tal detalle, por insignificante que pareciera, fue apreciado por mí y se los agradecí con palabras sinceras. Este espontáneo gesto de agradecimiento mío y reconocimiento hacia ellos, contribuyó desde el principio a crear un buen ambiente entre nosotros.

Aquellos hombres, jovencitos casi todos ellos, no tenían la obligación ni la tarea de hacerme sentir valorada por ellos. Ese era su trabajo del día a día. Estaban acostumbrados a humillar, maltratar y menospreciar las personas que tenían secuestradas. Pero al sentir que yo los valoraba, que de manera visible los apreciaba en vez de atacarlos, contribuyó a que su actitud hacia mí fuera diferente a la que probablemente tenían con otros de sus secuestrados. Siempre los traté como muchachos de mi edad. Nunca los traté como a mis enemigos. Desde el principio, quise entender cómo era posible que siendo todos iguales tuviéramos vidas tan diferentes. Las razones por las cuales la vida me había dado todo, mientras la de ellos era tan complicada, llevándonos a realidades sociales y económicas tan distintas.

Yo necesitaba entender por qué la vida es tan dispareja. Cuáles eran las razones por las cuales ellos actuaban de esa manera y si en el fondo tenían también personas a quienes amaban y protegían. Necesitaba conocer su parte compasiva. Que éramos jóvenes con oportunidades para ser felices y teníamos sueños y esperanzas de algo mejor. Cuando me sentaba largas horas a conversar con ellos, nos olvidábamos allí entre las palabras y los temas que tratábamos, de los roles que ellos y yo desempeñábamos en esta historia. Éramos seres humanos dejando ver nuestras almas en diálogos sinceros. Ese amor universal de respeto por el otro, creó situaciones sorprendentes, casi que milagrosas, empezando con la confidencia que me hicieron: "Monita, nosotros hemos tenido tanta gente secuestrada, que ya perdimos la cuenta. Dele gracias a Dios que usted es la única que no hemos tenido amarrada o esposada a la cama. Es que la verdad, no sabemos cómo hacer con usted. Usted es diferente".

Cuando hablas desde el alma, escuchas y eres escuchado. Es una actitud que, a mi criterio, debemos desarrollar conscientemente, estar dispuestos a escucharnos los unos a los otros, a pesar de las diferencias y contradicciones que parezcan apartarnos. Saber escuchar es una elección consciente. Cuántas veces nos hablan, pero tan pronto nuestro interlocutor comienza a decir algo, nos adelantamos imprudentes y ya tenemos la respuesta en los labios, respondiendo e interviniendo sin dejarlo hablar, sin permitirle que nos exponga sus ideas y sentimientos, todo cuanto desea compartirnos. Todos necesitamos y queremos ser escuchados. Tener aquí, frente a nosotros, alguien que se interesa por nuestras palabras, por estas pequeñas historias que deseamos comunicar. Saber escuchar, nos cambia la forma de entender al otro y al mundo que nos rodea. Muchas veces, y es algo que he aprendido a lo largo del tiempo, las personas que vienen a contarte algo no quieren que las aconsejes, desean ser escuchadas. Percibir en la persona que está frente a ellas, alguien que las atiende y las entiende. He tenido la fortuna de contar desde niña con personas maravillosas que me han escuchado y lo agradezco profundamente. Por esta razón, insisto en la importancia de incorporar en nuestra vida diaria dicha cualidad del escuchar.

Los monitos, estaban siendo escuchados por mí. Yo, también estaba siendo escuchada por ellos. De aquí, entonces, que para todos nosotros fue una experiencia enriquecedora que supimos valorar. Me lo demostraron con esos pequeños pero significativos detalles hacia mí durante el encierro.

16

¿Cómo podrías expresar más amor y empatía hacia quienes te rodean, incluso en situaciones difíciles o con personas que te desafían?

17

¿De qué manera podrías practicar el arte de escuchar sin juzgar, permitiendo que las personas a tu alrededor se sientan comprendidas y valoradas?

Capítulo Catorce
INSTRUCCIONES RECIBIDAS

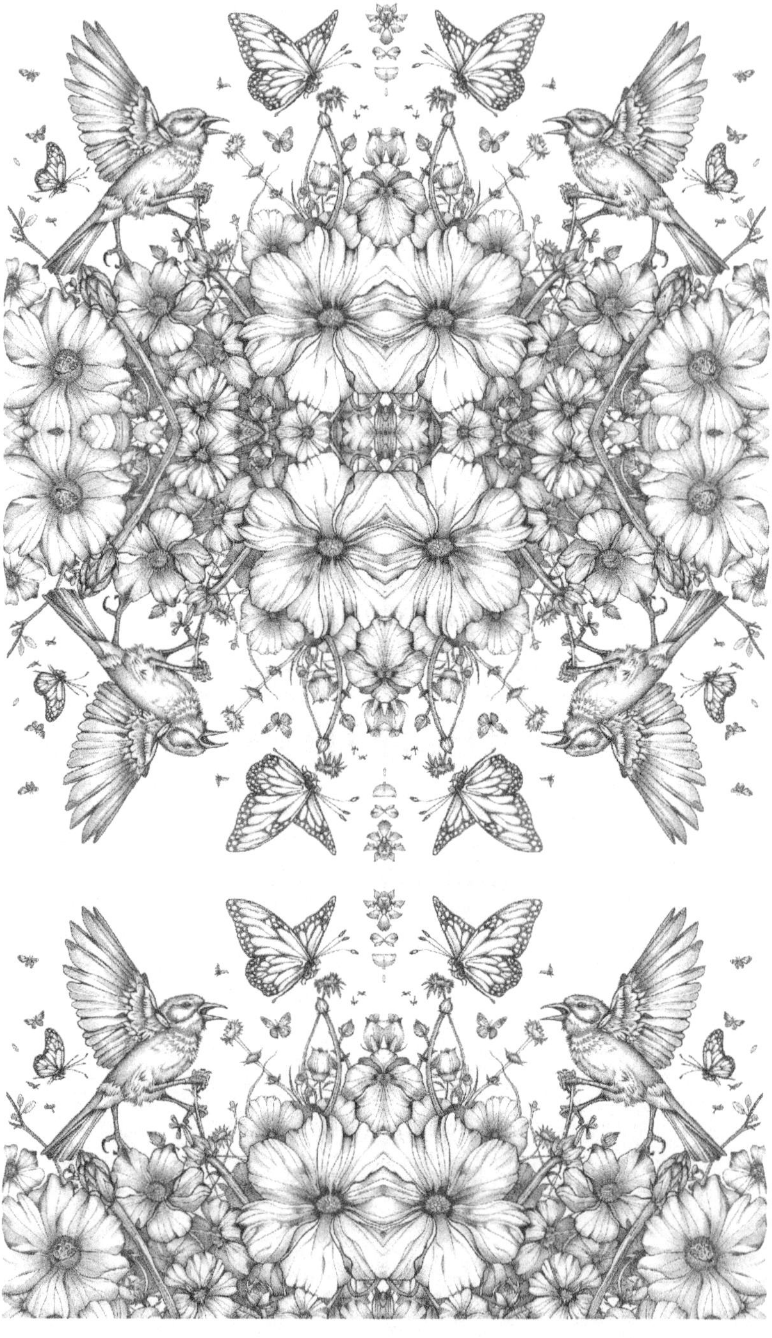

> *"Cada pensamiento repetido se convierte en una instrucción para el alma".*
> Carl Jung

HABERME HECHO amiga de todos y cada uno de ellos, fue algo que hice espontánea. Nada premeditado porque soy persona empática por naturaleza y siempre quiero estar en paz y armonía con mi entorno. Y también porque mi madre nos lo repetía todo el tiempo, desde que tuve uso de razón. Una forma es actuar desde el amor, y otra responder clara y precisa a una programación dada por ella desde mi temprana niñez. "Si algún día los llegan a secuestrar, háganse amigos de los secuestradores y no traten de volarse". En este caso particular, tal programación estaba indeleble en mi mente. A pesar de provenir del pavor que ante un secuestro sentía mi madre, contribuyó directamente a que yo reaccionara como si hubiera sido algo que en determinado momento pasaría en mi vida. Conservaba en mi mente subconsciente las instrucciones precisas para salir bien librada de aquello.

Parece una contradicción. Lo que menos hubiese querido mi madre en su vida, era el secuestro de uno de sus hijos. Empecé a preguntarme por qué nos repetimos tantas veces lo que no deseamos que nos pase. Nadie nos enseña desde pequeños a pensar de forma diferente. Numerosas personas que me han escuchado esta historia, como si fueran expertas en el tema me dicen que sufrí el Síndrome de Estocolmo. Estoy en total desacuerdo con tales opiniones que para nada se aplican a mi caso. Yo no estaba enamorada ni me sentía atraída por ninguno de ellos. Mis sentimientos distaban mucho de los descritos para tal síndrome. Simplemente, respondí automática a una programación instalada en mi mente subconsciente y la cual, por mi forma de ser, se facilitó aún más.

Los principios básicos del funcionamiento de nuestra mente, deberían ser tema obligatorio desde los primeros años escolares. Percibimos el mundo como lugar peligroso. Las noticias se encargan de confirmárnoslo cada instante. Estamos rodeados y saturados de información negativa por donde quiera que miremos. Los medios de comunicación, tercos, nos bombardean constantemente con toda clase de violencia, aún en programas y películas que se supone son para divertir. Las fábulas infantiles, están llenas de violencia y nos inducen a competencias feroces, desalmadas. ¿Por qué no hay un mayor porcentaje de programas donde la cooperación, el trabajo conjunto y los mensajes de paz, sean la motivación? ¿Hasta qué punto hablamos tanto de paz, amor y consciencia elevada, y en realidad no nos interesa? Por una razón particular, desde pequeña he vivido desinformada de cuanto sucede en el mundo. Los noticieros me llenan de terror. Hasta el punto de hacerme despertar a media noche, presa de la angustia por no saber que pasará luego o cómo se pueden solucionar los enormes conflictos de este caótico planeta. Con frecuencia, siento que soy como de otro mundo. En el diario vivir, una forma común de comunicarse la gente es intercambiando opiniones y puntos de vista, hablando en todos los tonos sobre noticias municipales, regionales, nacionales e internacionales más recientes, y el horror, la indignación o el desagrado que nos causan. Cuando expreso que no veo ni escucho ningún tipo de noticias, me replican diciéndome que uno "tiene que estar enterado de lo que pasa en el mundo", "debemos preocuparnos por la realidad de lo que sucede", "no podemos ser indiferentes ni apáticos a cuanto pasa". Les respondo tranquila y segura de mí misma, que lo hago deliberadamente porque esto me hace sentir bien. Yo veo las cosas desde un punto de vista diferente. No soy espectadora de desastres ni de tanto dolor que muestran los noticieros, como programando a su audiencia.

Hago lo mejor que puedo con mi vida. Procuro estar lo más feliz posible y de esta manera reparto mi felicidad y bienestar con quienes me rodean. Es mi forma de aportar a la solución de los problemas. Estoy segura que si todas las personas tomáramos conciencia de ello, el mundo sería un lugar mejor cada día. Cada uno de nosotros colocando un granito de arena para el bienestar general, cada quien dando algo bueno de sí mismo. Tales acciones, cuando salen del alma, cuando vibran desde nuestro corazón hacia otros corazones, se multiplican haciendo de este planeta un mundo mejor.

18

¿Qué creencias o instrucciones recibidas en tu infancia están influyendo en cómo enfrentas los desafíos actuales? ¿Te sirven estas creencias o necesitas actualizarlas?

19

¿Qué podría suceder si eliges enfocarte menos en las noticias negativas y más en acciones que fomenten paz y felicidad en tu entorno inmediato?

Capítulo Quince
OBSERVARME A MÍ MISMA

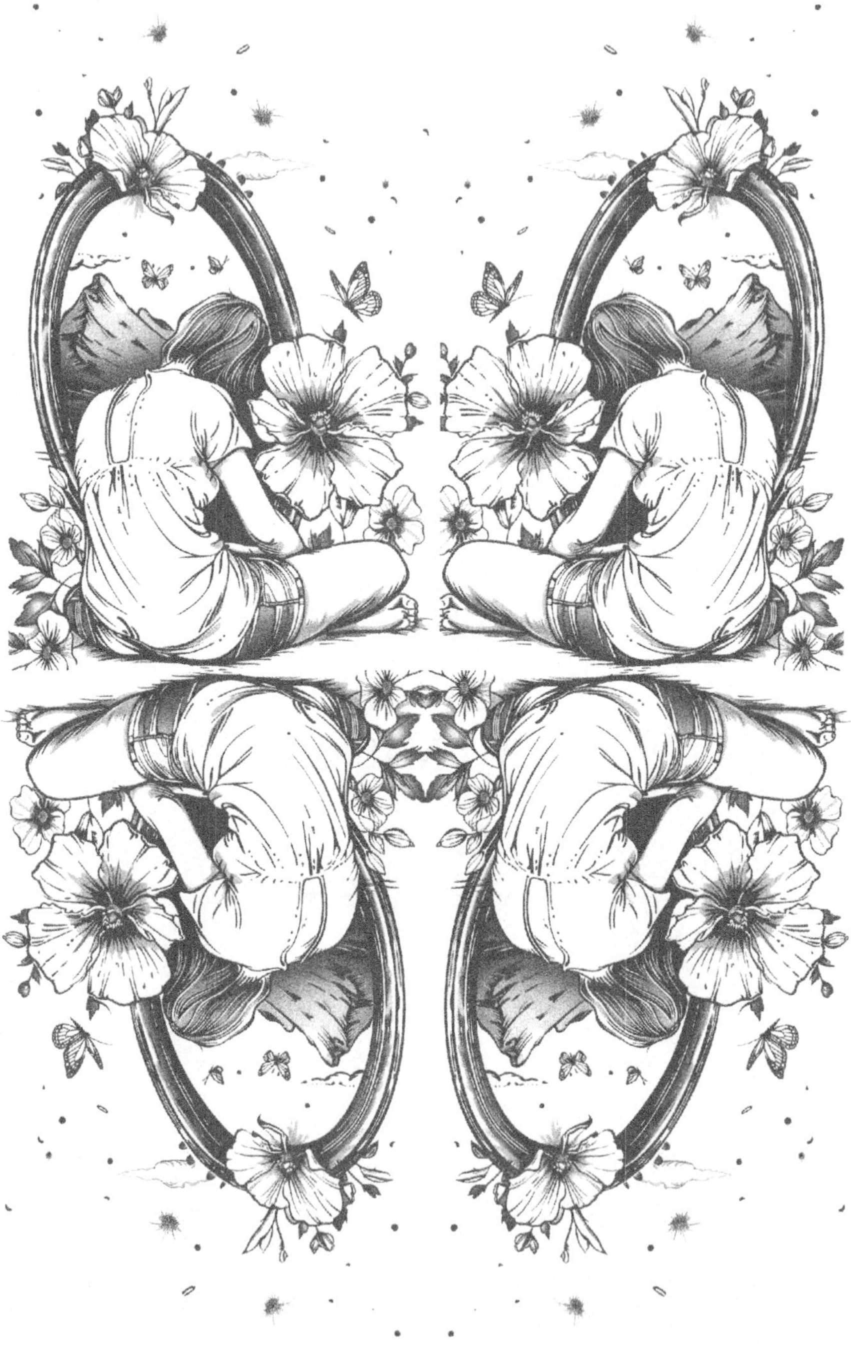

> *"Conócete a ti mismo y conocerás el universo y los dioses".*
> Inscripción del templo de Apolo, en Delfos (tradicionalmente atribuida a Sócrates).

CON EL paso del tiempo, descubrí que tenía la capacidad de observarme y observar las situaciones, sin identificarme con ellas. Es una facultad que tenemos todos los seres humanos y con poca frecuencia nos interesamos en desarrollar. En mi proceso de formación como Instructora de Balance Integral lo empecé a trabajar e integré de manera consciente en el día a día. Aunque en aquel azaroso momento yo no tenía plena consciencia de tal facultad, y la situación que vivía era estresante, siempre observé las reacciones de todos los monitos y aún en medio de esa espantosa balacera cuando me capturaron logré tener autocontrol. Así mismo, conservar mi tranquilidad y poder respirar serena cuando me ataron introduciéndome en la maleta del automóvil. Lo hice a modo de sobrevivencia. Me funcionó. En ese momento, caí en la cuenta de poder controlarme. Mi mente era más poderosa de cuanto yo pensaba.

Quedó instalada en mí, esa práctica y útil motivación para observarme a mí misma, y aprender cada día más sobre cómo trabaja la mente humana. La cantidad de beneficios que trae consigo este aprendizaje. Otra ventaja que he obtenido de dicha práctica, es tener la capacidad de observar a las demás personas y sus reacciones en situaciones extremas. A partir de sus reacciones, consigo muchas respuestas valiosas. Poseer yo la capacidad de observarme, me lleva a "responder" ante cualquier evento. No a reaccionar. La respuesta, es consciente y desde el alma, en cambio la reacción es desde la personalidad. Cada día adquiero y uso, de manera adecuada y precisa, más elementos. Todas ellos bien organizados en mi Cajita de Herramientas. Y aunque no soy perfecta ni pretendo serlo, es un proceso que me sigue dando regalos cada día.

20

¿Qué situaciones en tu vida te invitan a observar y responder conscientemente en lugar de reaccionar de manera impulsiva?

21

¿Cómo podrías practicar esta habilidad en tu día a día?

22

¿Cómo podrías incorporar la observación de tus pensamientos y emociones como una práctica regular para fortalecer tu autoconocimiento y paz interior?

Capítulo Diez y Seis
NO PERDER LA ALEGRÍA Y EL BUEN HUMOR

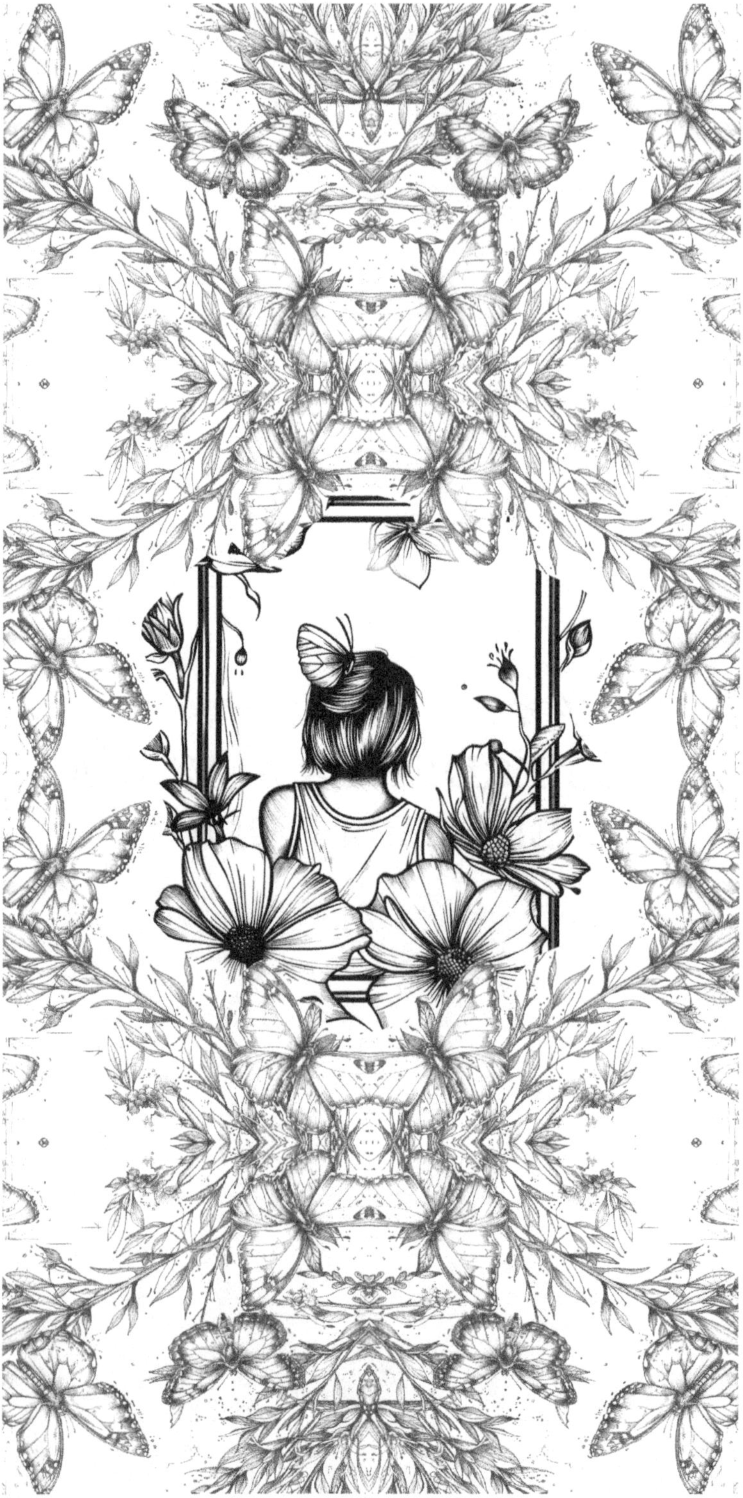

> *"La risa es una fuerza sanadora que nos libera del peso de la tristeza".*
> Charles Chaplin

OTRA ORIENTACIÓN que no puedo decir que aprendí del secuestro, pero sí de mi madre y puse en práctica, es que por difícil que sea una situación, también durante esta son posibles los momentos donde la alegría y el buen humor se presenten. Es una actitud viable y vivencial frente a la vida. Igual que mis tías maternas, mi madre siempre reía con naturalidad y todas en cualquier momento que sucediera, tenían presente la alegría en sus corazones, manifestando un humor exquisito. Me lo dejaron como herencia y lo agradezco infinitamente. Ella siempre encontraba algo de qué reírse. Yo lo hago de manera natural y me ayuda muchísimo reírme de mí misma, reírme con ellos de cuanto yo pensaba durante las noches. Con mucha picardía, imitando voces y gestos, mi madre nos decía cómo reaccionarían las personas cuando ella muriera. Todo un cómico espectáculo porque las imitaba a la perfección. Eso sucedió. Cuando murió, nosotros en medio de ese enorme dolor, nos moríamos de risa porque todo sucedió tal cual ella lo había representado.

Para mí, su fallecimiento fue un golpe terrible que me cambió la vida por completo. Entré en severa depresión y busqué, por consiguiente, ayuda de inmediato. Cambié mi vida de tal forma que terminé volviéndome Instructora de Balance Integral. Esto me mostró nuevos caminos y me dio la fuerza para seguir adelante. Mi madre era recreacionista innata. Siempre nos enseñó el juego, la risa, a divertirnos con lo más simple. A reírnos con gusto y alegría en cualquier situación, lo cual me permite siempre, aunque esté mal y me encuentre atemorizada, hallar la razón para reír. Esto quedó cimentado en mí y fue y sigue siendo permanente en mi vida.

Creo con firmeza que si te enseñan a divertirte con pequeños y simples detalles, esto deja huellas profundas en ti. Durante mi secuestro, volviendo al caso, yo pensaba: "Tengo que entretenerme en algo para evitar caer en la depresión y el miedo". Entonces pensaba en las diferentes formas de diversión a las cuales hice mención en capítulos anteriores: jugar a las cartas y hacer sopas de letras. Hacer la novena de navidad. Por las noches pensaba bajo los efectos del whisky, los cigarrillos que yo fumaba y el intenso olor de la marihuana que ellos fumaban, que si me tocaba pasar el 24 de diciembre en ese lugar, organizaría una obra de teatro. Ya tenía en mi mente el guion y casi que había distribuido los correspondientes roles.

Mi mente volaba. Yo me permitía viajar a otros mundos y me abría a ellos. Entendí que entre juegos y risas mi sabia madre me dio un regalo invaluable. Lo repito, tuve la fortuna de tener una madre maravillosa, alegre y amorosa. Su niña interna, según decimos ahora, estaba a flor de piel todo el tiempo. Así mismo, siempre he tenido la capacidad para reírme de mí misma. Ambas habilidades me ayudaron a paliar la situación y crear un ambiente más amigable y tranquilo.

23

¿Cómo puedes cultivar la alegría y el buen humor en tu vida, incluso en momentos difíciles? ¿Qué prácticas o hábitos podrías adoptar para encontrar motivos de risa y alivio?

24

¿Qué situaciones recientes podrías ver desde una perspectiva más ligera, permitiéndote reírte de ti mismo o encontrar algo divertido en ellas?

Capítulo Diez y Siete
¿SOMOS BUENOS O MALOS POR NATURALEZA?

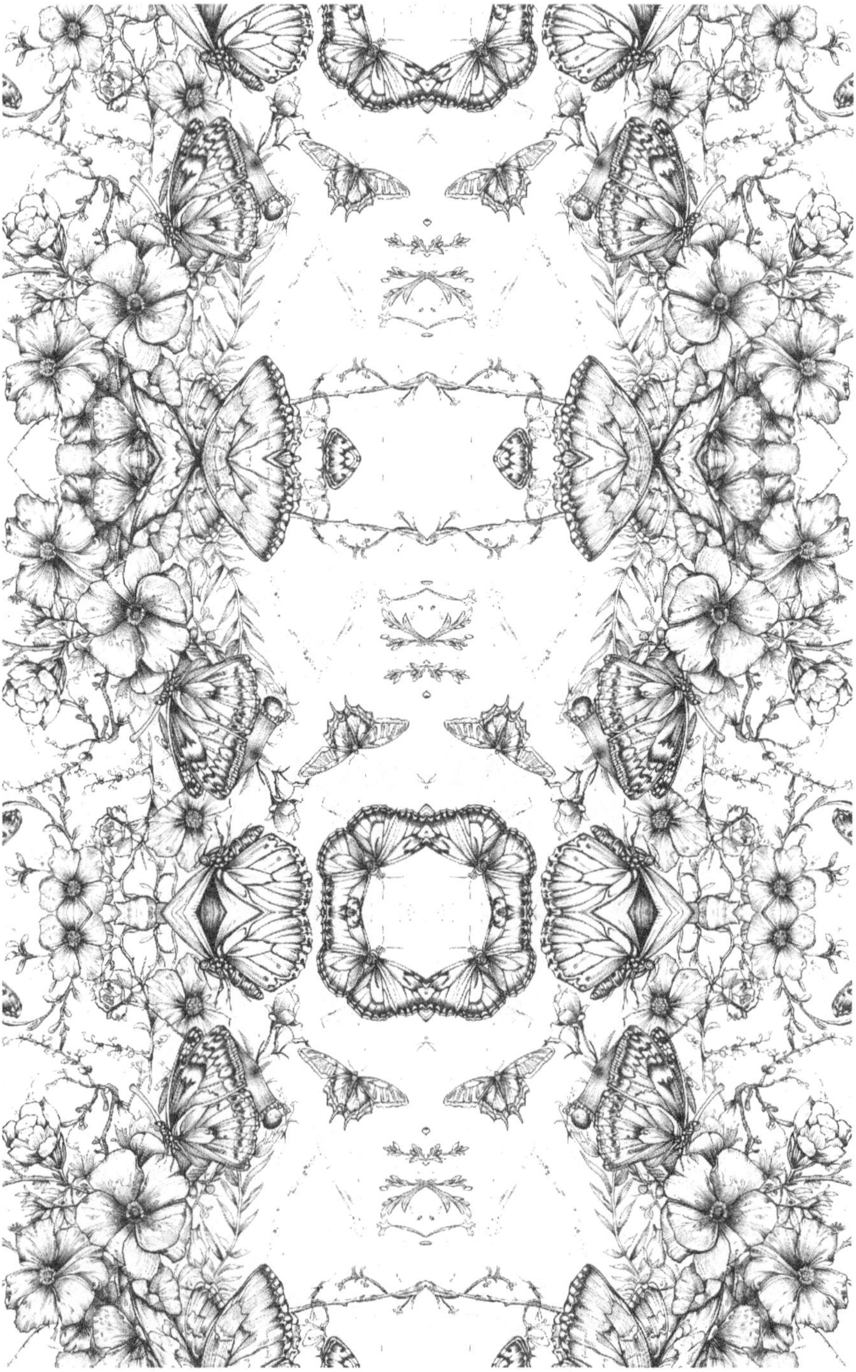

> *"No somos ni buenos ni malos:
> somos aquello en lo que nos convertimos".*
> Jean-Paul Sartre

MUCHAS VECES juzgamos a la ligera. Clasificamos a los demás según su oficio, religión, raza y un sinfín de generalizaciones. Repetimos a voces que este mundo está cada vez peor. Pero... me pregunto con frecuencia: ¿realmente nos detenemos a pensar cuál es la historia detrás de cada persona que genera violencia, odio y sentimientos negativos a granel? ¿Cuántas veces nos ocupamos, en nuestro diario vivir, de analizar las causas de tales comportamientos, más allá de los múltiples estudios estadísticos que las diferentes disciplinas nos aportan? Solo cuando por alguna razón nos compete el tema, porque de alguna manera nos toca, lo abordamos y sacamos nuestras conclusiones y luego, como si nada hubiera sucedido, pasamos la hoja y seguimos sin ocuparnos por hacer más de cuanto hacemos para que el mundo sea un poco mejor.

Tratar de entender el comportamiento del prójimo exclusivamente desde el punto de vista religioso, lo cual implica tener compasión, practicar el perdón y pedir por la salvación del alma de quienes nos hacen mal, siempre me dejó un interior sinsabor, un inexplicable vacío, algo que yo no entendía por qué tenía que ser así. Cuando tenía diez y ocho años, tuve la fortuna de conocer a quien fue, desde ese momento y hasta el momento de su muerte hace casi dos años, Mi Eterna Maestra y amiga del alma. Mary, fue la persona que junto con mi madre y mi abuela me formaron, hicieron de mí todo aquello que, hoy por hoy, pienso y realizo. Era una notable humanista. Me enseñó a ver la vida de otra forma.

La conocí siendo su estudiante en clase de humanidades en la universidad. Allí se formó un lazo indestructible que todavía perdura, aunque no me acompañe en este plano terrenal. Recuerdo vívido ese primer día de clase. Mary empezó hablando con tono de voz sereno y profundo. Sus palabras captaban toda mi atención. Por primera vez en mi vida una profesora me recomendaba no aprender nada de memoria. Su convincente voz y sus ideas calaban profundo en mi entendimiento. Para mí, era una novedosa enseñanza. Me sorprendió de manera favorable, abriendo otras puertas de mi entendimiento y comprensión. Nos decía que lo más importante era analizar y formar nuestro propio criterio. Que todos podíamos tener puntos de vista diferentes y esto no era motivo para perder el examen o recibir malas notas, lo único que debíamos de hacer era sustentarlo. Escuchando sus sensatas e iluminadoras, vibrantes palabras, me sentía en el paraíso. Mi mente se abría a otras posibilidades con las que yo resonaba a la perfección. Sentí, literalmente, como si me hubiese rasgado un velo que cubría mis ojos, mi manera de mirarlo todo. Desde aquel momento mi visión del mundo empezó a ser diferente a la que había tenido hasta ese momento.

Me descubrí libre por primera vez. Libre de pensar por mí misma y decir con qué estaba de acuerdo o no, sin que por tal actitud fuera a reprobar la materia. Durante el transcurso de toda la clase, no espabilé ni un segundo. Estuve totalmente presente. Algo que nunca me había sucedido ya que siempre me aburría en clases en el colegio, distrayéndome fácil. Me dedicaba entonces a dibujar en mis cuadernos, o conversaba y me iba a otros lados en mi mente. El colegio me pareció muy aburrido. Estudié allí porque no quedaba otro camino si más adelante quería ingresar a la Universidad. Por este motivo, desde que tenía siete años pensé: "No puedo perder ningún año porque de lo contrario debo quedarme aquí más tiempo". Y esto me parecía una tortura mental y física. Así fue como pasé todos los años de bachillerato sin ser sobresaliente en nada, solo dentro de lo normal. Cuando conocí a Mary en la universidad, yo empezaba la carrera de Administración de empresas. Tampoco me gustaba, pero la consideraba necesaria porque mi padre estaba enfermo. En cualquier momento moriría y yo, la mayor de los hermanos, no podía estar en el aire con los negocios familiares. Me esperaban serias responsabilidades en tal campo aunque según lo he venido afirmando, lo que realmente amaba era cantar. El canto.

Para el próximo año, ya tenía asegurado mi cupo en el Instituto de Bellas Artes, con la condición de no dejar la universidad por el canto. No sé si era tan evidente mi amor por este. Fue la única vez que mi padre me puso una condición de esta índole. Ni que hubiera sido vidente. Eso fue lo que al final ocurrió. Ese año universitario, estando vivo mi padre, yo estudié más humanidades que administración. Le pedía el favor a Mary de permitirme asistir a todos los cursos que ella dictaba. Eran bastantes y muy concurridos.

Desde allí nunca paré de recibir sus enseñanzas llenas de amor y sabiduría. Gracias doy a la vida por su presencia en la mía. Ese profundo y constante análisis, el respeto por el otro sin importar cuáles fuesen sus puntos de vista, aprender a escuchar, esa libertad de expresión y pensamiento, han sido ejemplos a seguir en mi camino. Con ella fue con quien surgió la idea de escribir este libro. Ella era quien iba a escribirlo y por eso ahora siento que está guiándome frase tras frase, capítulo tras capítulo y recuerdo tras recuerdo, ayudándome a escribir y comunicar una parte de mi vida. Esto lo hago en su nombre y en el mío.

Cuando yo estaba secuestrada y dialogaba durante interminables horas con los secuestradores, con unos más que con otros, descubría personas que con la intención de estar mejor económicamente y ayudar a salir adelante a sus familias, habían visto en el sicariato la opción para hacerlo. Éramos almas que se asomaban a hablar libremente, como si estuviésemos en otro plano y la brutal realidad del secuestro no existiera. Para mí era importante entender la desigualdad de la vida. Yo trataba de encontrar las razones de este mundo tan disparejo. Hasta el día de hoy, a pesar de haber buscado mucha información en lecturas, estudios, conversaciones y un sinfín de teorías, todavía no encuentro respuestas que me satisfagan por completo. Una razón concluyente para entender la vida y sus múltiples facetas.

A mis secuestradores les preguntaba por qué hacían ese trabajo y qué pasaría si a ellos les sucediera algo semejante con sus seres queridos. Estremecidos con la pregunta, les horrorizaba la idea igual que a mí, y se justificaban diciendo que todo era por cuestión de sobrevivencia. Yo les explicaba, desde mi juvenil experiencia de la vida en aquel período, que existían posibilidades de buscar trabajos honrados y que en la música y el arte podrían encontrar otras mejores alternativas de vida. Y cuando cantaba frente a ellos o me escuchaban cantar a solas, les mostraba directa e indirectamente que la música llenaba el alma y te daba felicidad igual que otras expresiones del arte.

No sé hasta qué punto mis consejos calaron en sus mentes. Aquellas en ese ambiente fueron conversaciones que tocaron fibras profundas en mí. Aunque no justificaba sus acciones, entendía que para ellos era su única opción. No podría decir que la más fácil, porque eran totalmente conscientes de que sus vidas con seguridad serían cortas. Trágicas. El principal motor para trabajar ellos en este tipo de actividades era cubrir básicas necesidades económicas de sus familias. Dejarles una casita a sus madres y hermanos. En la mayoría de casos los padres estaban ausentes. Aprendí que no podía juzgar a la ligera, aunque fuera yo la víctima en ese momento. Siempre que nos sentimos agredidos, lo natural es reaccionar, sentir ira, miedo y otro sinfín de emociones. Esta es siempre nuestra reacción. Incluso cuando pienso en ello, me permito sentir rabia e indignación por cuanto producen en uno estas situaciones. Como ya lo escribí, por ningún motivo lo justifico. Pero cuando estoy calmada y en paz me pregunto por qué las personas hacen lo que hacen. Cuáles son los motivos que las impulsan a hacerlo, y desde este lugar aprendí a soltar y a dejar ir. Lo hago, no porque sea una persona caritativa o religiosa. Suelto todo eso porque es bueno para mí en la medida en que no me dejo arrebatar por la ira y el dolor que producen situaciones como un secuestro. Que me parece un crimen abominable.

Desde la profunda comprensión de que los seres humanos reaccionamos según nuestras circunstancias de vida, y no sabemos cómo reaccionaremos en un momento dado, desde tal comprensión aprendí a soltar, a dejar ir muchas experiencias dolorosas. Lo natural es soltarlas, no conservarlas. Dicha forma de pensar y vivir, me permitió ver el lado humano de mis captores y, de una manera u otra, convivir con las personas, no con los delincuentes. A ellos les ocurrió igual. Por un lapso convivieron con la persona, no con la jovencita secuestrada, hasta el punto de tener tiernos y dulces detalles conmigo que son incompresibles para cualquier persona.

25

¿Qué prejuicios o juicios rápidos sueles hacer sobre las personas a tu alrededor?

26

¿Cómo podrías abrirte a comprender mejor sus historias y circunstancias?

27

¿Qué te impide observarte con compasión cuando reaccionas de forma poco amable, y cómo podrías empezar a transformar esta área para relacionarte mejor contigo mismo y con los demás?

Capítulo Diez y Ocho
LA FE Y MARÍA AUXILIADORA

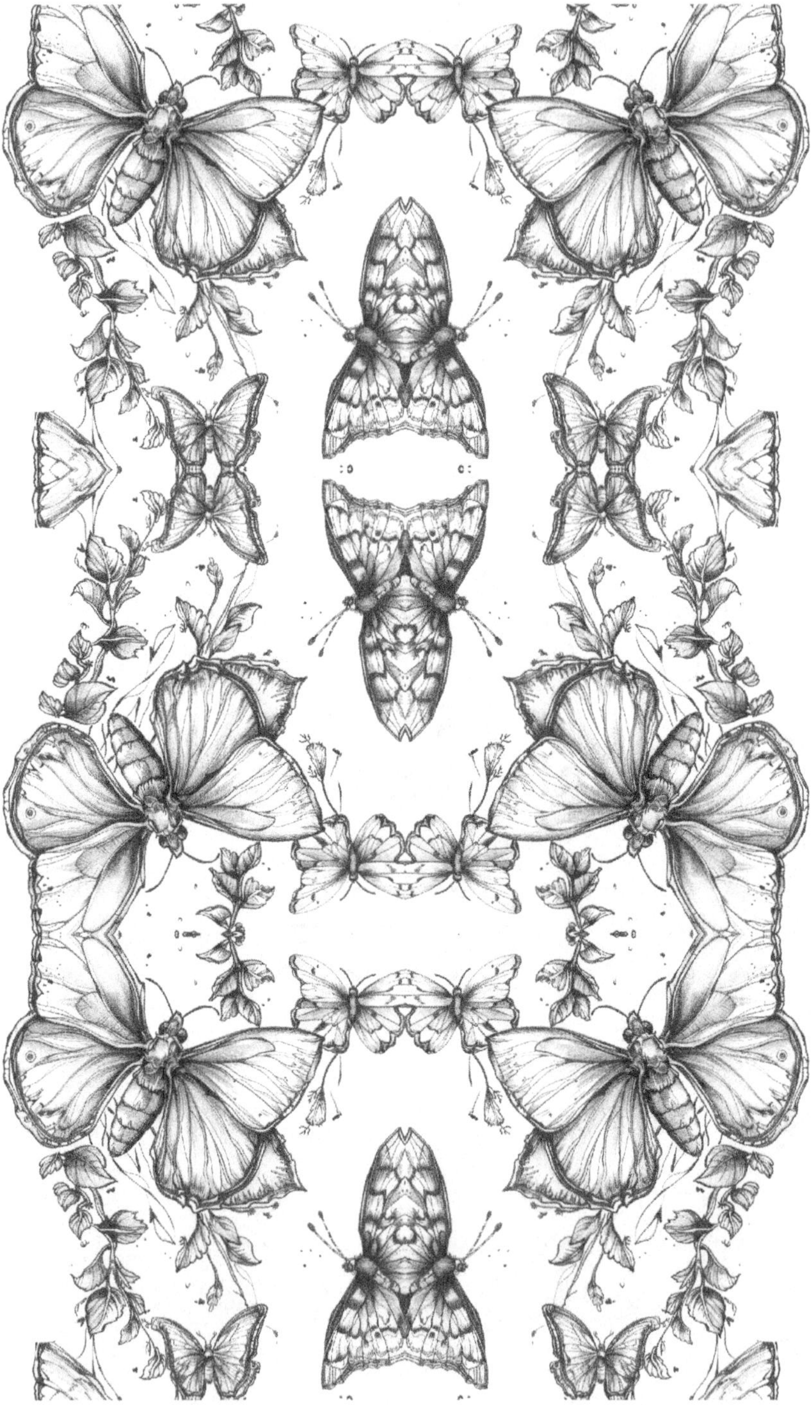

> *"No es el objeto de nuestra fe lo que nos sostiene,*
> *sino la certeza con que lo creemos".*
> Michel de Montaigne

Llegamos ahora a este delicado punto donde, en mi caso, el impacto fue bastante grande. Todos, tanto los monitos como yo, éramos muy devotos de María Auxiliadora y estábamos convencidos que a todos nos escuchaba y por eso nos ayudaba. A ellos, para tener éxito con los secuestros. Para ayudarles a afinar su puntería al disparar y poder matar a quienes les indicaban, todo dentro del ejercicio del asesinato a sueldo. Y a mí, en el polo opuesto, a que nada malo me pasara con personas como ellos o individuos semejantes y pudiera salir viva e ilesa de este enredo.

Una cosa era conocer que todos los sicarios, sin excepción, de manera ostentosa, eran devotos de María Auxiliadora y que la iglesia consagrada a Ella en Sabaneta, municipio situado al sur de Medellín, se había convertido en frecuente lugar de peregrinación para los sicarios quienes le llevaban flores por montones, en señal de agradecimiento porque les habían salido bien sus negocios, es decir, sus crímenes, sus secuestros, sus intimidaciones de todo tipo. Y otra cosa diferente por completo, sin puntos de comparación, pensar que el objeto del negocio en este caso era ¡yo! Por consiguiente, ¿cómo podían ellos decirme que la bondadosa y protectora María Auxiliadora me salvó de sus balas, pero al mismo tiempo estaban dispuestos a matarme si no salían bien las cosas? Un serio dilema. ¿Entonces dónde quedaba María Auxiliadora? ¿De qué bando estaba ella como protectora? ¿María Auxiliadora les ayudaba a ellos y a mí al mismo tiempo?

A través de toda una vida de reflexiones, cuestionamientos y aprendizajes continuos, he ido construyendo lo que puedo llamar y describir como mis creencias y conceptos de Fe. Para mí, esta depende del lado desde el cual la observes y la vivas. La experimentes en tu vida diaria. No es cuestión de religión. Es un reconocimiento profundo de no estar solos en la vida. La certeza de que siempre hay algo o alguien que nos sostiene y nos reafirma. Y tal sostén lo encontramos por lo regular a través de las religiones o prácticas espirituales. Veo la fe como práctica diaria a desarrollar en todos los actos de nuestra vida, pequeños o trascendentes.

Es semejante a ir al gimnasio. Si asistimos todos los días, nos sentimos mejor, más felices. Nuestro cuerpo se fortalece y adquiere mayor flexibilidad, estabilidad y movilidad. Así mismo, la práctica de la fe, entendida como la certeza de que podemos manifestar y alcanzar la felicidad y el bienestar anhelados, nos hace enérgicos y flexibles para realizar todos los cambios que nos lleven a Vibrar con dichos Propósitos. Si estamos seguros de lograr algo, lo lograremos. Es cuestión de tener fe en ello y perseverar. Creamos lo que creíamos que íbamos a conseguir, tanto ellos con sus anhelos y peticiones, como yo con los míos. Y por eso, tanto los monitos como yo, finalmente lo obtuvimos.

28

¿Cuál es tu concepto de fe y cómo influye en tus decisiones y en la forma en que enfrentas los desafíos de la vida?

29

¿De qué manera podrías hacer de la fe una práctica diaria para fortalecer tu confianza y resiliencia en los momentos de incertidumbre?

Capítulo Diez y Nueve
NOS AFERRAMOS AL DOLOR Y AL PASADO Y NO LOS SOLTAMOS

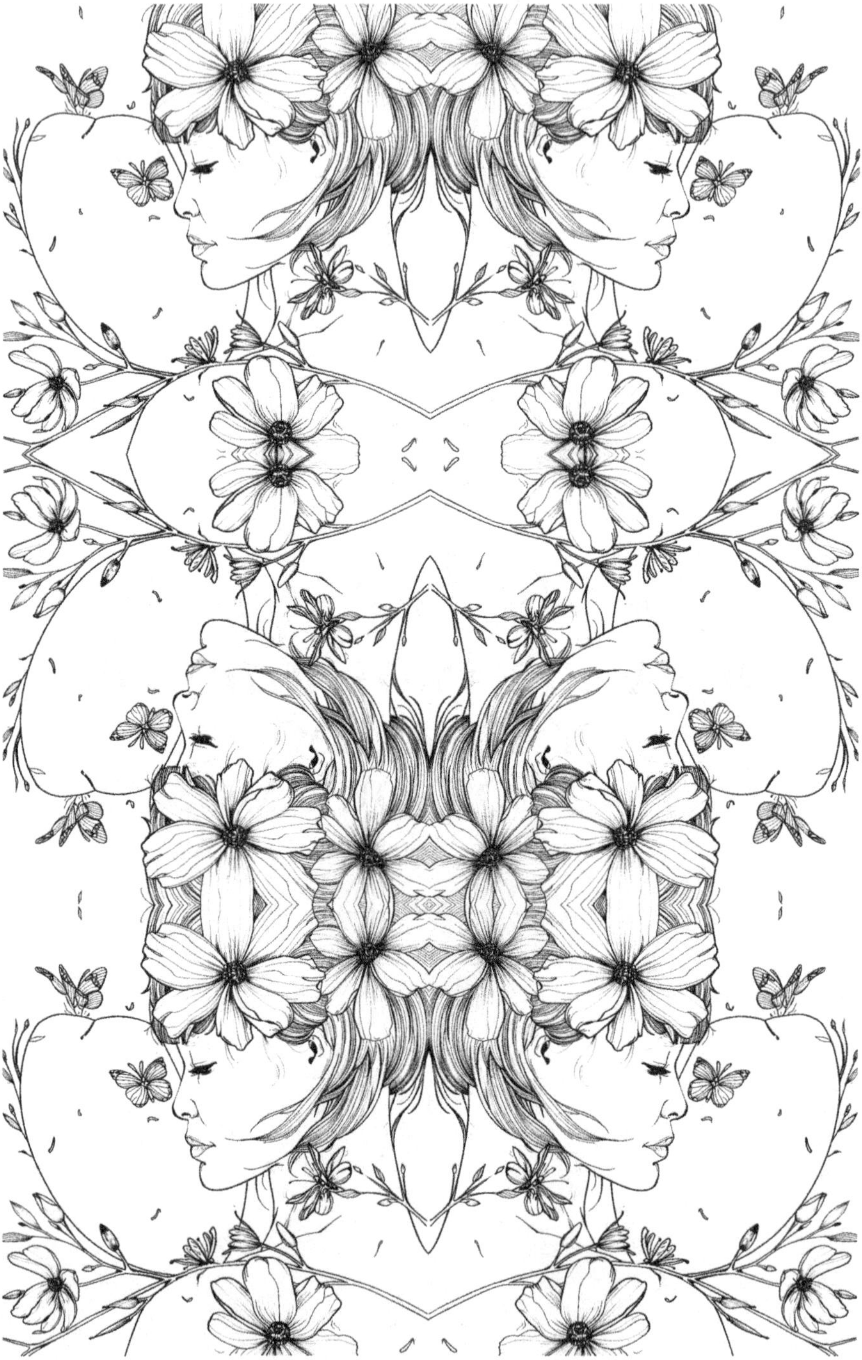

> *"Aferrarse al pasado es cargar una maleta que no permite avanzar".*
> Confucio

NUMEROSAS VECES guardamos recuerdos de momentos dolorosos y no queremos soltarlos, o no encontramos cuál es la manera de soltarlos, como si con ello conserváramos intacta nuestra historia personal. Creemos de alguna manera que si tenemos presente nuestro dolor, entonces nuestra historia estará completa. Durante muchos años guardé mi osito de peluche, Torito. Por un lado, era un recuerdo tierno, Sin embargo, por el otro era un recuerdo bastante doloroso como para no soltarlo de manera definitiva. También conservé los casetes que me regalaron. Era música de mi total agrado. Así mismo, guardé el recuerdo más tierno y dulce del mundo: las monedas que mi hermano pequeño me entregó, diciéndome que él las había ahorrado para pagar mi secuestro. Al evocar este recuerdo y contarlo o escribirlo, como aquí lo hago, siento deseos de llorar.

Tenemos muchas formas de vivir aferrados al pasado, aunque nos autoengañemos disfrazándolas con discursos como "esto fue tierno, dulce, fue una bonita experiencia en medio del dolor". Y otras semejantes. En realidad nos anclan a recuerdos que en el fondo son dolorosos y no queremos, por muchos motivos, soltar aunque nos causan perjuicio. Hubo un momento de mi vida en que reflexioné acerca de cómo guardamos y acumulamos cantidades de recuerdos dolorosos, haciéndolos parte de nuestra historia. Decidí hacer un íntimo ritual para mí misma transmutando ese dolor en agradecimiento por todo lo aprendido. No daré detalles del mismo, pero Torito y los casetes ya no existen. Las monedas de mi hermanito, las gasté con mucho amor. Fue un acto liberador. Hoy por hoy, cuando conservo algo, lo hago con plena consciencia de por qué estoy haciéndolo. Muchas veces necesitamos tiempo para hacer nuestros procesos. O simplemente no los hacemos. Pero si tenemos consciencia de ello, para mí es igual de válido. Todos somos diferentes y elevar o no nuestro nivel de consciencia es una elección personal.

30

¿Hay algún recuerdo u objeto del pasado que sigues guardando porque te cuesta soltarlo?

31

¿Cómo podrías liberarte de él para abrir espacio a nuevas experiencias?

32

¿Qué podrías hacer para transformar un recuerdo doloroso en gratitud por lo aprendido, permitiéndote seguir adelante sin el peso de ese dolor?

Capítulo Veinte
LA VIDA NOS PUEDE CAMBIAR EN UN SEGUNDO

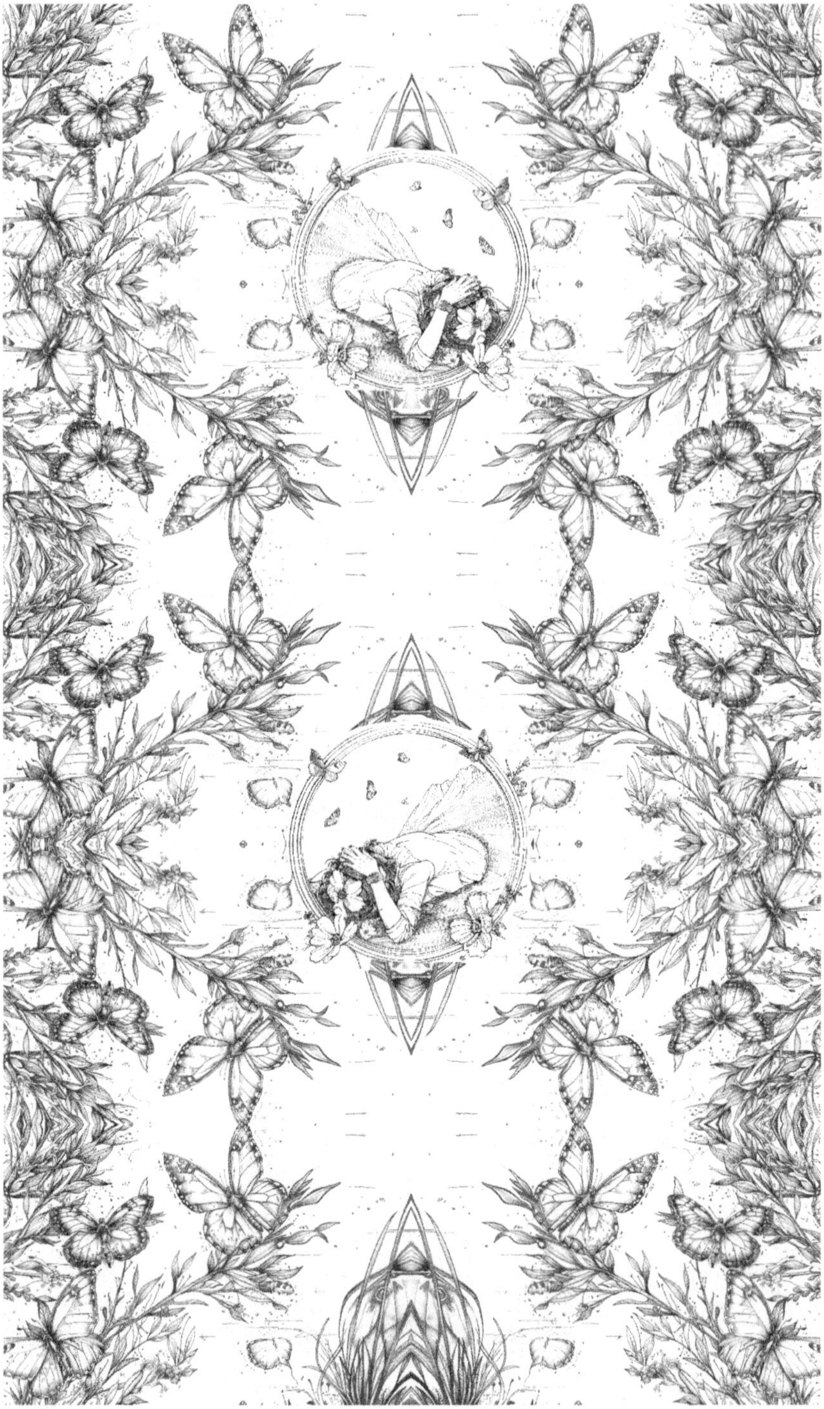

> *"Nada es permanente, salvo el cambio.*
> Buda

LA VIDA te puede cambiar en un segundo. En un minuto o una hora, cuando menos lo pensamos, cuando considerábamos que todo iba a seguir su curso habitual. Cambiar para bien o para mal. Todo depende del cristal con que lo miremos. Cuando la vida te cambia en forma radical, el éxito depende de la actitud que tienes frente a ello. Para que esta actitud sea positiva, hay que desarrollar un trabajo personal constante y mantener un pensamiento positivo. No siempre es fácil adaptarnos a las nuevas circunstancias de vida, ni es fácil salirnos de nuestras zonas de confort. Pero si de verdad queremos hacerlo, si nos guía un propósito claro y constante, debemos tener humildad y valentía para buscar la ayuda que necesitamos. En un mundo donde la información y el conocimiento están al alcance de la mano, como nunca antes en la historia de la humanidad, con absoluta seguridad encontraremos algo o alguien que resuene con nuestra forma de ser.

Piensa a quién o a qué podrías recurrir para obtener apoyo en los momentos de cambio. Recuerda que no estamos solos. Todos tenemos, por el simple hecho de haber nacido, la milagrosa capacidad de conectarnos con lo divino, independientemente de cualquier credo religioso o práctica espiritual. Pidamos también ayuda a esa divinidad que, finalmente, es la capacidad de creación intrínseca al ser humano. Somos parte vital, importante, de esa compasiva y amorosa fuerza creadora. Y al serlo, también tenemos dentro de nosotros esas mismas capacidades.

33

¿Cómo reacciono ante los cambios inesperados y qué puedo aprender de esas experiencias para fortalecerme?

34

Si mi vida cambiara de manera radical en este momento, ¿qué aspectos realmente importan y cuáles podría dejar ir para vivir con más propósito?

CONCLUSIÓN

PARA FINALIZAR de manera práctica este libro, pretendiendo que no se quede solo en tu mente o en tu memoria, que no ocupe un lugar en tu biblioteca como otro libro más de un secuestro, no formularé más preguntas, que pudieran ser decenas por el estilo y que tal vez tú, con base en estas, puedes llegar a plantearte. Te invito a que trabajes en ti donde quiera que te encuentres, bajo cualquier condición de vida, a que seas más feliz cada día, Vibrando con tus Propósitos y compartas esa felicidad con los demás. Si esto sucede en tu vida, habré logrado Mi Propósito.

Me encantaría que te unieras a nuestra comunidad Vibrando con Propósito a través de mi página web:

www.vibrandoconproposito.com

donde encontrarás contenido valioso y la oportunidad de participar en reuniones por zoom para que juntos elevemos nuestra vibración y seamos más felices cada día.

Que tu vida se llene de luz y todos tus propósitos se hagan realidad!

Con Amor, Ana

GLOSARIO

(1)Monita o mona: En Medellín y otras partes de Colombia, la expresión "monito" (o "monita" en femenino) se utiliza para referirse coloquial y amistosamente a personas con cabello rubio o claro. No tiene connotación despectiva. Es la forma habitual de resaltar dicho rasgo físico en alguien que tiene su cabello claro, o su piel más blanca, comparada con la mayoría de la población. Además de referirse a alguien rubio, en algunos contextos también puede usarse como apodo o forma cariñosa entre amigos o familiares, sin hacer alusión al color de pelo o piel.

(2)Pelada: es una forma coloquial de referirse a una joven o a una chica.

(3)El vocablo cogido, en este caso significa capturado.

(4)Maleta, maletero, baúl.

(5)La frase significa que la situación es demasiado fuerte para afrontarla sin algún tipo de ayuda o alivio, pero que con un suavizante (metafóricamente hablando), se podría soportar.

(6)Milo es una marca achocolatada de bebidas Nestlé, solubles en leche.

(7)Departamento Administrativo de Seguridad (DAS), actualmente se llama Agencia Central de Inteligencia de Colombia (ACI).

(8)Hablar de alguien y recomendarlo. En este caso para decir que era una persona que podía pagar un rescate en dinero.

(9)Un casete es un medio de almacenamiento de audio o video, popular desde los años 70 hasta los 90.

(10)La Novena de Aguinaldos en Medellín, como en otras partes de Colombia, es una tradición religiosa católica y familiar que se celebra en días previos a la navidad, del 16 al 24 de diciembre. Es un conjunto de oraciones y cantos que se rezan cada noche, con el propósito de preparar espiritualmente para el nacimiento de Jesús. Durante esta novena, familias y amigos se reúnen en casas, iglesias o hasta en espacios públicos para rezar juntos, hacer peticiones y compartir.

(11)Suele describir una situación en la que una persona tiene las muñecas aseguradas a la estructura de una cama usando esposas.

(12)Gonzalo Rodríguez Gacha, conocido como "El Mexicano", fue un destacado narcotraficante colombiano, cofundador y segundo líder cabecilla del Cartel de Medellín.

(13)Los pitos son una forma de percusión corporal en el flamenco, se refiere al chasquido de los dedos y se usan para marcar el ritmo y acompañar la música y el baile.

(14)Los pasantes con bocados o pequeñas porciones de comida que se sirven en reuniones para acompañar las bebidas.

(15)Balance Integral es un modelo sistémico desarrollado en Costa Rica por el doctor Javier Ortiz Gutiérrez, que busca el logro del estado de máxima integración, creatividad y bienestar posible del ser humano dentro de las condiciones dadas.

(16)Terapia de Transformación Rápida (RTT, por sus siglas en inglés) modelo terapéutico innovador creado por Marisa Peer.

(17)Un tocadiscos es un dispositivo de audio diseñado para reproducir discos de vinilo.

Ana Correa Echandía vivió una experiencia que transformó su vida para siempre: el secuestro durante una de las épocas más violentas del narcotráfico en Colombia. Este evento la impulsó a un profundo proceso de transformación y toma de conciencia. Durante más de dos décadas, Ana ha trabajado en su crecimiento personal y profesional, obteniendo certificaciones en Programación Neurolingüística (PNL), Balance Integral y RTT, y ayudando a otros a *Vibrar con Propósito* y encontrar el sentido en sus vidas.

Con una misión renovada de compartir su mensaje, Ana presenta *Secuestrada, - Vibrando con Propósito: Resiliencia y Sentido de Vida,* una obra donde relata su historia y los aprendizajes que surgieron de sus desafíos.

A través de este libro, inspira a cada lector a transformar sus propias experiencias en un propósito de vida vibrante y significativo.

Para quienes deseen profundizar en este camino, Ana invita a unirse a su comunidad en crecimiento y descubrir juntos el poder de *Vibrar con Propósito* visitando:

www.vibrandoconproposito.com

VIBRANDO
con
PROPÓSITO

www.vibrandoconproposito.com

Made in the USA
Las Vegas, NV
12 March 2025